JN025635

税理士業務に活かす

# 「判決・裁決」ガイドブック

税務判断に役立つポイントをつかむ！

税理士
草間 典子 著

第一法規

## はじめに　判決・裁決がもっと読めれば、実務も変わる！

　私は、会う人皆に、「判決書を読むのが好きです」といっています。そうすると、不思議なことに、多くの税理士さんから同じことをいわれます。「判決書や裁決書を読んでも、実務には役立たないよね」と。確かに、判決書に申告書の記載方法が書かれているわけではありませんし、重加算税がどのような時に賦課決定処分されるのかは実務書を読むだけで理解できるのかもしれません。

　しかし、実務書だけ読んでいる方は、その実務書に書いてある範囲内の仕事しかできません。例えば、私の手元に問答式の実務書があります。この中に、過大役員退職給与の判断基準について、「退職時の月額報酬に役員としての勤続期間と会社の役員退職金支給規程に記された功績倍率（代表取締役　3.0）を乗じて計算しますが、課税庁から過大役員退職金と判断されますか」との問いがありました。この実務書では、「過大と判断されることはないでしょう」との答えになっていますが、租税訴訟の判決書を読んでいる人間からすると、「ちょっと待って」といいたくなります。

　そもそも退職時の月額報酬は適正なのか、役員としての勤続年数のみ乗じればいいのか、従業員としての勤務期間についてはどのような取扱いをするのかなど検討すべき事項は数多くあり、功績倍率 3.0 で否認された判決もあるので数字だけでは判断できません。これらは、全て過去の租税訴訟で問題とされた項目です。つまり、ここが実務書にはない世界です。

　実務書にはない世界が広がっているのが、判決や裁決です。これらは、実際に起きている事例です。条文の法令解釈を示し、その解釈に基づき現実に起きた事例を当てはめ、結論を出す。それを文章として表したのが、判決書や裁決書なのです。

　例えば、研修会や支部の会合などで隣に座った税理士から、「最近こ

ういう税務調査を受けてね」といわれれば、身を乗り出して聞く人は多いでしょう。他人が経験した事例について話を聞くことは自分の経験値を増やす意味でも大切なことです。それは、自分がもし同じような事柄に遭遇した際にも役立ちますし、ミスをする前の気づきになる可能性もあります。

　また、そもそも実務書は過去の判決や裁決を基礎として書かれていることも多いです。重加算税の賦課要件は、基礎となる条文は国税通則法68条です。条文には、「納税者がその国税の課税標準等又は税額等の計算の基礎となるべき事実の全部又は一部を隠蔽し、又は仮装し、その隠蔽し、又は仮装したところに基づき納税申告書を提出していたときは」とありますが、最高裁はこの解釈について制度の趣旨より意図をキーワードにした解釈を示しています。つまり、判決や裁決は、条文や通達などの解釈を示すという役割もあるのです。実務書は、これら解釈をまとめているものにすぎません。

　税理士業務は、実務書だけ読んでいてもできますが、判決書を読んでいる人間からすると、これらを読まずに仕事をするということは考えられません。それほど重要なものです。

　しかし、ここで急に判決書や裁決書を読みましょうといっても、何をどう読んだらいいのかわかりません。思い立って裁判所のウェブサイトからダウンロードしてみても、結局は最後までたどり着く前に挫折するだけです。私も数々挫折をしてきました。この挫折の原因は、判決書や裁決書を冒頭から一字一句読まなくてはという生真面目さにあります。でも、判決書や裁決書は小説とは違い、冒頭から読まなくても実は読むことができるのです。

　本書では、判決書や裁決書の読み方のコツをつかみ、どのように判決や裁決を探せばよいかについて記載しています。そして、判決や裁決を実務にどう活かしていくのか。これらについて具体的に記しました。

　特に、判決書や裁決書に出てくる専門用語などは、後から確認できる

ように、第1章第3節に集めています。

　つまり、この書籍自体も、冒頭から一字一句読む必要もないのです。

　一番大切なことは、判決や裁決を税理士業務に活かすということです。実務書を手に取るということと同様に、判決書や裁決書も手に取ってみてください。きっと、皆様の税理士業務の幅が広がることと思います。

　判決書や裁決書は、構造を理解し、読み方を少し変えるだけで劇的に読みやすくなり、内容が理解しやすくなります。そうすると、格段に読むことが楽になり、また、多くの判決書や裁決書を読むことが可能になります。

　この書籍を読んだ方々が、判決書や裁決書を読むことで得られる実務的感覚を深めていただき、より充実した税理士生活を送っていただければと思います。

　最後に、この書籍の企画から筆の遅い著者を叱咤激励し、温かく見守っていただいた第一法規株式会社の森田氏にも、改めてお礼を申し上げたいと思います。

令和3年5月

草間　典子

# 目　次

はじめに　判決・裁決がもっと読めれば、実務も変わる！ ……………………… i

## 第1章　判決・裁決の読み方

### 第1節　どんなに長くてもワンパターン、判決書や裁決書の構造をつかむ ……………………………………… 2
1　判決書や裁決書の構造を知ろう ……………………………………… 2
2　判決書の構造 …………………………………………………………… 3
3　裁決書の構造 …………………………………………………………… 9

### 第2節　判決書や裁決書は全部読まなくてもよい、読むべきポイントを押さえる ……………………………………… 13
1　判決書や裁決書の中でどこを読むべきか ………………………… 13
2　あえて双方の主張は読まない ……………………………………… 14
3　判断部分を分けて読んでいく ……………………………………… 17
4　「当裁判所の判断」部分の読み方 …………………………………… 17
5　高裁判決書は、地裁判決の訂正・追加をどう読むかがポイント ……… 21
6　地裁判決書と最高裁判決書では読み方が違う ………………… 23
7　判決等の効力 ………………………………………………………… 25
8　実務との関連性 ……………………………………………………… 27
9　判決や裁決の落とし穴 ……………………………………………… 28

### 第3節　租税訴訟等についての必要最低限の知識を得よう ………… 30
1　納税者が処分の取消しを求める場合（再調査の請求から始まり審査請求を経て最高裁へ） ……………………… 30
2　判決書、裁決書に出てくる用語を学ぶ ………………………… 36

column　補佐人講座受講のすすめ ……………………………………… 49

## 第2章 判決・裁決の探し方

第1節　判決の探し方‥‥‥‥‥‥‥‥‥‥‥‥‥‥‥‥‥‥‥‥‥‥ 56

　1　税務大学校（国税庁）の税務訴訟資料 ‥‥‥‥‥‥‥‥‥‥‥‥ 56

　2　裁判所の裁判例情報 ‥‥‥‥‥‥‥‥‥‥‥‥‥‥‥‥‥‥‥‥ 62

　3　訟務重要判例集データベースシステム（法務省）‥‥‥‥‥‥‥ 69


第2節　裁決の探し方 ‥‥‥‥‥‥‥‥‥‥‥‥‥‥‥‥‥‥‥‥‥ 74

　1　国税不服審判所の公表裁決事例集 ‥‥‥‥‥‥‥‥‥‥‥‥‥‥ 74

　2　行政不服審査裁決・答申検索データベース（総務省）‥‥‥‥‥ 84


　column　データベースの活用法 ‥‥‥‥‥‥‥‥‥‥‥‥‥‥‥‥ 90

## 第3章 実務に活かすための着眼点

第1節　当事者の立場に立って読んでみる ‥‥‥‥‥‥‥‥‥‥‥‥ 94

事案1　デンソー事件‥‥‥‥‥‥‥‥‥‥‥‥‥‥‥‥‥‥‥‥‥‥ 94

事案2　非居住者への不動産売買代金に対する源泉徴収義務 ‥‥‥‥115


第2節　判決の裏側にあるドラマを想像する ‥‥‥‥‥‥‥‥‥‥‥131

事案1　調査の違法と仕入税額控除否認事件 ‥‥‥‥‥‥‥‥‥‥‥131

事案2　役員退職給与の分割支給事件‥‥‥‥‥‥‥‥‥‥‥‥‥‥‥145


第3節　時には批判的に読む ‥‥‥‥‥‥‥‥‥‥‥‥‥‥‥‥‥‥162

事案1　オーナー社長が行った法人に対する非上場株式の低額譲渡‥‥‥162

事案2　役員退職給与の算定における功績倍率‥‥‥‥‥‥‥‥‥‥‥180

事案3　馬券払戻金に関するほ脱事件／横目調査‥‥‥‥‥‥‥‥‥‥192


第4節　主要な判断ではないところに実務に活かせるポイント
　　　がある‥‥‥‥‥‥‥‥‥‥‥‥‥‥‥‥‥‥‥‥‥‥‥‥‥‥204

事案1　役員退職給与の支給のタイミング〜業務引継ぎをどうするか〜‥‥204

**事案2** 賃貸用マンションのシステムキッチン等の資本的支出と修繕費の区分……217

**事案3** 税理士に伝えないということと重加算税の関係について ……228

**第5節　税理士の腕の見せどころ** ……………………………………236

**事案1** 右山事件 ………………………………………………………236

**事案2** 長崎年金訴訟………………………………………………………246

**事案3** 介護付き有料老人ホームの附属駐車場にかかる固定資産税……260

column　判決・裁決をより深く理解するために ……………………269

おわりに　いい判決が出たとわかれば、読むのがもっと面白くなる！…273

著者紹介

# 凡 例

●主な法令や判例集の略称

本書で使用した法令や判例集の略称は、以下のとおりです。

〔法令〕

| | |
|---|---|
| 所得税法 | 所法 |
| 法人税法 | 法法 |
| 相続税法 | 相法 |
| 国税通則法 | 通法 |

〔判例集〕

| | |
|---|---|
| 最高裁判所民事判例集 | 民集 |
| 最高裁判所裁判集民事 | 集民 |

●本書の内容は、令和3年3月1日時点で施行されている法令・通達や公開されている判決・裁決に基づいて執筆しています。

●第3章において、判決書や裁決書から文章を掲載している箇所については、網掛けをしています。わかりやすくするため、一部加工している箇所があります。

# 第**1**章

判決・裁決の読み方

## 第1節　どんなに長くてもワンパターン、判決書や裁決書の構造をつかむ

　ここでは、まず判決書や裁決書を読むコツについてお伝えしたいと思います。判決書や裁決書を手に取った際に一番に感じることは、「最後まで読み終われるのだろうか」、「読んで正しく理解できるのだろうか」という不安ではないかと思います。

　このような不安は、まず相手を知ることで克服できます。まずは、判決書や裁決書はどのような構造になっているのか。そして、内容を理解するためにどこをどのように読んでいくのがよいのか。それがわかれば、今までのように冒頭から一字一句読むことなく、効率よく読むことができます。まずは、判決書や裁決書の構造を探ります。

### 1　判決書や裁決書の構造を知ろう

　判決書や裁決書の構造は、結論からいうと、ワンパターンです。裁判所、国税不服審判所と判断された場所は違えども、構造はほぼ同じです。まず、ワンパターンであること、そしてどういう構造になっているのかを理解しましょう。

　このことを理解することにより、ボリュームが多い判決書などでも、そのボリュームの多さに尻込みすることもなくなり、より多くのものを手にする機会が増えます。

　そして、構造のパターンがわかってくると、どのあたりにどういうことが書かれているのかということが次第に予測できます。例えば、裁判所が判断する法令解釈は大体どのあたりに書かれているかなどです。構造を理解することにより、じっくり読む部分、読まない部分について取捨選択ができ、より効率的に読むことができるようになります。

　それではまず、判決書がどのような構造になっているのかをみていき

ましょう。

## 2　判決書の構造

### (1)　地裁の判決書

　判決書は、長いものもあれば、短いものもあります。長いものであれ
ば、主文の前に目次まであるものもあります。判決書を読もうと意気込
んで印刷してみたら、あまりの厚みに尻込みしてしまったという方も多
いのではないでしょうか。しかし、判決書の構造はほぼ同じということ
を理解すれば、そのようなことはなくなります。

　まず、最初に地裁の判決書からみていきましょう。

　判決の中でも特にボリュームがあるヤフー事件（法人税法の規定につ
いて争われた事案）と武富士事件（相続税法の規定について争われた事
案）の地裁の判決書の構造部分を抜き出してみたのが下記の表です。

| ヤフー事件 | 武富士事件 |
|---|---|
| 平成 26 年 3 月 18 日東京地裁<br>事件番号：平成 23 年（行ウ）第 228 号 | 平成 19 年 5 月 23 日東京地裁<br>事件番号：平成 17 年（行ウ）第 396 号 |
| 判決<br>（当事者、代理人等）<br>主文<br>事実及び理由<br>　第1　請求<br>　第2　事案の概要<br>　　1　事案の概要<br>　　2　関係法令の定め<br>　　3　前提事実<br>　　4　被告が主張する本件更正処分等<br>　　　の根拠及び適法性<br>　　5　争点<br>　　6　争点についての当事者の主張<br>　第3　当裁判所の判断<br>　　1　認定事実 | 判決<br>（当事者、代理人等）<br>主文<br>事実及び理由<br>　第1　請求<br>　第2　事案の概要<br>　　1　法令の規定等<br>　　2　争いのない事実等<br>　　3　争点<br>　　4　争点に関する当事者の主張<br><br><br><br><br><br>　第3　争点に対する判断<br>　　1　認定事実 |

| | |
|---|---|
| 2　争点1について<br>3　争点2について<br>4　争点3について<br>5　本件更正処分等の適法性について<br>6　結論 | 2　検討<br>3　まとめ<br><br><br>第4　結論 |
| 税務訴訟資料　第264号－54（順号12435） | 税務訴訟資料　第257号－108（順号10717） |
| いずれも裁判所のウェブサイト（行政事件裁判例集）で検索可能です。ヤフー事件については、税務大学校のウェブサイト（税務訴訟資料／課税関係判決）でも読むことができます。 | |

　このように比較してみると、第1から第3までほぼ同じであることがわかります。「第2　事案の概要」も項目の数に違いがあれ、関係法令の確認、前提事実や争いのない事実（原告と被告のそれぞれが認めている事実）、争点、争点に対するそれぞれの主張と、これもほぼ同じです。ヤフー事件では「関係法令の定め」、武富士事件では「法令の規定等」と使用している言葉こそ違いますが、それぞれの判決書に出てくる条文の確認をしているところは同じです。

　「第3　当裁判所の判断（争点に対する判断）」部分は、どうでしょうか。こちらも裁判所が認めた事実について、検討を行い（ヤフー事件の場合は、それぞれの争点ごとに検討を行う）、最後に結論を出しているということがわかります。

　つまり、ボリュームがある判決書であっても、税目に違いがあっても、判決書の構造はほぼ同じだということになります。

　これは、当然のことともいえます。判決書を書く側からすると、ある程度、この順番で書きましょうという決まりがなければ大変です。実際に、司法研修所が編集した書籍『10訂　民事判決起案の手引（補訂版）』（一般社団法人法曹会刊）には、民事判決の判決書の書き方が掲載されています。この書籍には、判決書の様式から書き方の注意点及び記

載例などが掲載されています。現在の判決書の様式は、平成2年1月に東京高等・地方裁判所民事判決書改善委員会、大阪高等・地方裁判所民事判決書改善委員会共同提言「民事判決書の新しい様式について」が公表されてからのものとなっています。それ以前の判決書の様式は、「第3　事実及び理由」が「事実」と「理由」に個別に分かれていました。

　新様式の判決書の構造は、下記のようになっています。

---

第1　事件の表示、口頭弁論の終結の日、表題、当事者、代理人等の表示

第2　主文

第3　事実及び理由

　1　請求

　2　事案の概要

　3　争点に対する判断

第4　裁判所の表示及び判決をした裁判官の署名押印

出典：司法研修所編『10訂　民事判決起案の手引（補訂版）』89頁～94頁（一般社団法人法曹会、2020年）

---

　今までみてきたヤフー事件と武富士事件の構造と同じです。書き手側は、上記の様式に則って書いているので、判決書の構造は自ずとワンパターンになるということがおわかりいただけたでしょうか。

## ⑵　地裁の判決書は、なぜボリュームがあるのか

　それでは、私たちをあの嫌な思いにさせる判決書のボリュームの違いはどこにあるのでしょうか。一概にはいえませんが、①争点が多い、②関係者や関係会社などの登場人物が多いために事案の概要の説明に紙面を取られる、③それぞれの主張部分が長い、④係争年度が多いなど理由

5

は様々です。国際関係の判決書の場合は、②が多いです。

　しかし、判決書の構造は同じであることを理解し、ボリュームがあるものは、上記に掲げているようないくつかの原因があって多くなっているだけということに気づけば、見た目のボリュームに圧倒されることもなくなるでしょう。

### (3)　高裁の判決書の構造について

　租税訴訟の多くは、行政事件ですが、一部は民事事件となっています。日本では、訴訟は三審制（第一審、控訴審、上告審）を採用しており、第一審裁判所は、地方裁判所又は簡易裁判所となっています。第一審裁判所の判決に不服がある場合には、第二審の裁判所に不服申立て（控訴）をし、さらに、その判決にも不服がある場合には、第三審の裁判所に不服申立て（上告）をすることができます。

　租税訴訟において、地裁の判決に不服があり、高裁、最高裁へと判断の場が移っていった事案を目にしたことがあるかと思います。

　では、高裁の判決書は、地裁の判決書とどのような違いがあるのでしょうか。下記の表に(1)で紹介したヤフー事件の高裁の構造部分を抜き出してみました。比較しやすくするために、地裁を左にしています。

| ヤフー事件 ||
| --- | --- |
| 平成 26 年 3 月 18 日東京地裁 事件番号：平成 23 年（行ウ）第 228 号 | 平成 26 年 11 月 5 日東京高裁 事件番号：平成 26 年（行コ）第 157 号 |
| 判決<br>（当事者、代理人等）<br>主文<br>事実及び理由<br>　第1　　請求<br>　第2　　事案の概要<br>　　1　　事案の概要 | 判決<br>（当事者、代理人等）<br>主文<br>事実及び理由<br>　第1　　控訴の趣旨<br>　第2　　事案の概要<br>　　1　　事案の概要 |

| | |
|---|---|
| 2　関係法令の定め<br>3　前提事実<br>4　被告が主張する本件更正処分等<br>　の根拠及び適法性<br>5　争点<br>6　争点についての当事者の主張<br>第3　当裁判所の判断<br>1　認定事実<br>2　争点1について<br>3　争点2について<br>4　争点3について<br>5　本件更正処分等の適法性につい<br>　て<br>6　結論 | 2　地裁判決書中の2（関係法令の定<br>　め）〜6（争点についての当事者<br>　の主張）についての原判決の補正<br><br>第3　当裁判所の判断<br>1　判断（原判決の補正）<br>2　結論 |
| 税務訴訟資料　第264号−54（順号<br>12435） | 税務訴訟資料　第264号−182（順号<br>12563） |
| いずれも裁判所のウェブサイト（行政事件裁判例集）で検索可能です。税務大学校<br>のウェブサイト（税務訴訟資料／課税関係判決）でも読むことができます。 ||

　高裁の判決書は、地裁の判決書と構造に大きな差がないことがわかります。

　実際に、高裁の判決書を手に取ってみると、地裁と比べ、ボリュームが少ないことに気づくでしょう。その理由は、地裁判決の段階で、既にひと通り事実の確認などが済んでいるというのがあります。高裁の判決書で多く見かける「以下のとおり原判決を補正するほかは、原判決の『事実及び理由』中『第2　事案の概要』2ないし6に記載のとおりであるから、これを引用する」といった文言は、実際に高裁の判決書に地裁からの引用文は掲載されてはいないが、該当箇所は、地裁の判決書に書いてあるので、そちらを読んでくださいという意味になります。

　また、高裁において、主張が追加されることもありますが、その際には、「第2　事案の概要」のところに「当審における当事者の主張」などとして記載されることとなります。

　このようにみてみると、地裁から高裁に控訴されているからといって、判決書の構造としては、特に変わってはいないということに気づくと思います。

### ⑷　最高裁判決書の構造を知る

　最高裁の判決書には、いくつかパターンがあります。そのうち、代表的な2つを取り上げます。今回もヤフー事件を取り上げます。ヤフー事件の最高裁の判決書が2つあることをご存知でしょうか。

| ヤフー事件 | |
|---|---|
| 平成28年2月18日最高裁決定<br>事件番号：平成27年（行ツ）第63号 | 平成28年2月29日最高裁判決<br>事件番号：平成27年（行ヒ）第75号 |
| 決定<br>（当事者、代理人等）<br>　第1　主文<br>　第2　理由 | 判決<br>（当事者、代理人等）<br>主文<br>理由<br>　第1　事案の概要等<br>　　1　事案の概要<br>　　2　関係法令の定め等<br>　　3　原審の適法に確定した事実関係等の概要<br>　第2　上告代理人ほかの上告受理申立て理由第3について<br>　第3　上告代理人ほかの上告受理申立て理由第2の1について<br>　第4　結論 |
| 税務訴訟資料　第266号－25（順号12803） | 税務訴訟資料　第266号－35（順号12813） |
| 右側の最高裁判決のみ裁判所のウェブサイト（最高裁判例集）で検索可能です。また、税務大学校のウェブサイト（税務訴訟資料／課税関係判決）では、2件とも読むことができます。 | |

　左側は、平成28年2月18日に最高裁でなされた上告棄却の決定です。これは、上告の理由がないとして、棄却されたものです。租税訴訟では、この左側のパターンが多いです。このように上告棄却や上告受理申立不受理の決定がなされたものについては、理由がないなどの文言が2〜3行書かれているだけで終わりとなっています。

　続いて、右側は、平成28年2月29日に最高裁で出された判決です。納税者から上告受理申立て（原判決に最高裁判所の判例と相反する判断がある又はその他の法令の解釈に関する重要な事項を含むことを理由とする不服申立て）がなされ、最高裁が判断をしたものになります。

　これについても、構造については、今までみてきた地裁や高裁の判決書と変わりがありません。事案の概要、法令解釈、上告受理申立て理由書に書かれている項目についての判断、そして結論ということになります。

　地裁から最高裁の判決書まで、その構造をみてきました。これをみると、内容やボリュームは違っても、構造はほぼ同じだということがわかります。

## 3　裁決書の構造

　それでは次に、裁決書の構造ですが、結論としては、判決書のパターンとほぼ同じです。

　下記の表に、取引相場のない株式の評価について原則的評価方式かそれとも配当還元方式で評価すべきなのかが争われた事案を取り上げました。左側が裁決書、そして右側がその事案の東京地裁の判決書の構造です。

| 取引相場のない株式の評価 | |
|---|---|
| 平成23年9月28日公表裁決<br>裁決番号：東裁（諸）平23－47 | 平成29年8月30日東京地裁<br>事件番号：平成24年（行ウ）第184号 |
| 裁決書<br>（当事者）<br>主文<br>理由<br>1　事実<br>　(1)　事案の概要<br>　(2)　審査請求に至る経緯<br>　(3)　関係法令等の要旨<br>　(4)　基礎事実<br>2　争点<br>3　主張<br>4　判断<br>　(1)　認定事実<br>　(2)　当てはめ<br>　(3)　本件株式の1株当たりの評価額について<br>　(4)　本件更正処分について<br>　(5)　本件賦課決定処分について<br>　(6)　その他 | 判決<br>（当事者、代理人等）<br>主文<br>事実及び理由<br>　第1　請求<br>　第2　事案の概要<br>　　1　関係法令等の定め<br>　　2　前提事実<br>　　3　本件更正処分の根拠<br>　　4　争点<br>　　5　争点に関する当事者の主張の要旨<br>　第3　当裁判所の判断<br>　　1　認定事実<br>　　2　本案前の争点について<br>　　3　本案の争点①について<br>　　4　本案の争点②について<br>　　5　本件更正処分等の適法性について<br>　　6　結論 |
| 裁決事例集　No.84 | 税務訴訟資料　第267号－97（順号13046） |
| 国税不服審判所のウェブサイト（公表裁決事例）で読むことができます。 | 税務大学校のウェブサイト（税務訴訟資料／課税関係判決）で読むことができます。 |

　裁決書も、「主文」から始まり、「事案の概要」、「関係法令」、「争点」、「争点に対する双方の主張」そして「判断」と今までみてきた判決書と構造的に変わりがありません。

　国税不服審判所は、裁決書の書き方として「裁決書起案の手引」（平成26年7月国税不服審判所／出典：TAINS、TAINSコード：裁決書起案の手引H260700）という内部通達を作成しています。その中で、裁決書では、理由の記載は、「事実」、「争点」、「主張」、「判断」の4項目

に分けて記載するというルールとされています。つまり、裁決書も一定のルールに基づき作成されているということになります。

　なお、判決書と裁決書の違いとして、最近の裁決書は、「主張」の部分が四角で囲まれ、双方の主張が対比して読みやすくなっているという特徴があります。ただ単に文章で書かれているよりも、争点ごとにきちんと区分されているため、初心者には読みやすいと思います。「裁決書起案の手引」によれば、裁決書における主張の記載の順序は、原則として、立証責任の分配が明確な場合には、立証責任を負う側の主張を先に記載するのが望ましいとの決まりになっています。そのため、主張の部分が四角で囲まれているものの場合には、立証責任を負っている方が左側に記載されるというルールがあります。覚えておくと、それぞれの主張を読みながら、どちらが立証責任を負っているのかも一目でわかるようになっています。

3　主張

| 原処分庁 | 請求人 |
|---|---|
| 通則法第68条第1項が隠蔽又は仮装の行為主体を「納税者」と規定しているのは… | 重加算税制度は、悪質な納税義務違反の発生を防止することを目的とし… |

　ここまでみてきたように、判決書も裁決書も構造はワンパターンです。しかも、その書き方についてのルールを書いた手引もあります。ワンパターンであるということを知っていれば、これらを全文読まなくても、大体このあたりに争点が書いてあるとか、条文に対する法令解釈は、「第3　当裁判所の判断」の初めに書かれていることが多いなどといった見当がつくので、自分が読むべき箇所にすぐにたどり着くことができ、より効率的に判決書・裁決書を読むことができます。

　判決書や裁決書を読む目的をもう一度思い出してみましょう。決して、

冒頭から一字一句読むことではありません。それよりも、どういう事案で、裁判所がどのように法令解釈をし、今回の事案にそれを当てはめたのか、そして、そのことは自分の税理士業務にどう役立てられるのかというところです。限られた時間で効率的に読むためにも、まずは、どんなにボリュームがあっても、構造はワンパターンであることを忘れないようにしましょう。

---

**POINT**

- 判決書や裁決書はボリュームが多くても構造はほぼ同じパターン
- 構造を理解して、効率よく、判決書や裁決書を読みましょう！

＜判決書・裁決書の構造＞

（主文）

（事実及び理由）

第1　請求

第2　事案の概要

　　1　関係法令

　　2　前提事実

　　3　争点

　　4　争点に対する当事者の主張

第3　判断

　　1　認定事実

　　2　当てはめ

　　3　結論

## 第2節　判決書や裁決書は全部読まなくてもよい、読むべきポイントを押さえる

　第1節では、判決書や裁決書は、構造が統一されていて、全てワンパターンであるということを説明しました。ここからは、その構造の中でどこを選択し、それをどのように読んでいくのかというところについてみていきます。

　ここで重要なことは、何のために判決書等を読むのかということです。目的により読み方は変わってきます。弁護士などであれば、判例を知る、訴訟についてどのような主張を展開するのかを学ぶという目的もあると思いますが、税理士はどうでしょうか。私が考えるに、税理士がこれらを読む目的は、読むことそのものではなく、それを実務で活かすということだと思っています。では、実務で活かす読み方とはいったいどういうものでしょうか。

## 1　判決書や裁決書の中でどこを読むべきか

　実務で活かすためには、判決書や裁決書の要である「当裁判所の判断」（裁決書では「判断」）を中心に読むことをお勧めします。

　「当裁判所の判断」では、その事案に適用される法律とその解釈に触れ、認定事実（明らかになっている事実）を示し、最後にこれら認定事実を法律に当てはめて結論を出しています。正直、これだけを読めば、その事案を理解することができます。実務に活かすという視点でみれば、逆に「当裁判所の判断」だけ読めばいいということでもあります。

## 2　あえて双方の主張は読まない

　判決書や裁決書で、一番大事なことは、どういう事案で、裁判所や国税不服審判所はどう判断したのかということです。そこで私は、あえて双方の主張は読まないということにしています。また、読む場合でも、「当裁判所の判断」を読み終えた後、判決の内容が頭の中である程度整理された後に読むようにしています。

　以前は、私も判決書や裁決書を冒頭から一字一句、時には、関連者間取引については、図などを書きながら読んでいました。しかし、そのようにしていくと、双方の主張の途中で、「これは納税者の主張だったかしら」とわからなくなることが何度かありました。時には、「当裁判所の判断」部分にたどり着く前に力尽きることもありました。それでは、何のために判決書を読もうとしているのかわかりません。そこで、ある時、主張を読まずに、「主文」、「事案の概要」、「当裁判所の判断」だけ読んでみたら、必要な情報はおおむねそこに書かれていることに気づいたので、それ以来、双方の主張は、読まない、読む場合でも頭の中で整理が終わってから読むという方法をとるようになりました。

　もちろん、冒頭から一字一句読んでいきたい、その方が内容がよくわかるという方は、そのようにしていただいていいと思います。しかし、そもそもパターン化されている判決書を、毎回冒頭から読んでいく必要もないのではと私は思っています。じっくり読むものもあれば、エッセンスだけ読むというように、もっと自由に読んでもいいのではと感じています。むしろ、判決書を読むというハードルを下げ、読まずに途中で放り投げることなく、最後まで読み終えるということの方が大切だと感じています。そのため、現在、私は個人的に読む場合は、双方の主張部分は読まず、最後に頭の中で整理が終わってから読むという方法をとっています。

　以前、税理士仲間数名に２つの判決を紹介し、どちらか好きな方の判

決書を読んでみてほしいと頼んだことがあります。判決の一つは、実務でなじみ深いみなし譲渡の事案ですが、地裁と高裁があるものです。もう一つは、所得税の事案でしたが、判決書では税法のことは全く触れずに、民法の条文解釈について複数の最高裁判決をもとに判断している事案です。不思議なことに、全員が後者の民法に触れた判決書を読んでいました。実務家の税理士であれば、前者のみなし譲渡の事案の方がとっつきやすいだろうと思いましたが、全員が、後者を選んできたのです。その理由を聞くと、読みやすかったからというものでした。

　そのからくりは、こうでした。後者の判決書は、双方の主張部分が、「当裁判所の判断」の後ろに別紙として記載されているものでした。そのため、判決書の構造でいくと次のように変わっていたのでした。左のようになっているものが多いと思いますが、双方の主張を別紙とすることにより、右のように変わったのでした。

| 前者の構造 | 後者の構造 |
|---|---|
| （主文） | （主文） |
| （事実及び理由） | （事実及び理由） |
| 第1　請求 | 第1　請求 |
| 第2　事案の概要 | 第2　事案の概要 |
| 　1　関係法令 | 　1　関係法令 |
| 　2　前提事実 | 　2　前提事実 |
| 　3　争点 | 　3　争点 |
| 　4　争点に対する当事者の主張 | 第3　判断 |
| 第3　判断 | 　1　認定事実 |
| 　1　認定事実 | 　2　当てはめ |
| 　2　当てはめ | 　3　結論 |
| 　3　結論 | （別紙） |
| | 争点に対する当事者の主張 |

　構造は同じですが、並び方が違います。後者の判決書は、争点に対する当事者の主張が別紙として判決書の最後にあることにより、どういう事案で、裁判所はどう判断したのかという、この判決の読みたいポイントだけ読むことができるようになっていたのです。

　そもそも、判決書や裁決書はワンパターンで、判決書や裁決書のどのあたりにどういう事柄が書かれているというのがわかるようになっているのですから、最短で自分に必要な情報部分のみ読む方が効率的です。そのためには、あえて読むものと読まないものを取捨選択するという方法があってもいいのではと考えています。

　ただ、双方の主張を読まないなんて…とお思いの方もいらっしゃるでしょう。しかし、判決書を一度読んだことのある方はおわかりかと思いますが、「判断」のところに主張が書かれています。「当裁判所の判断」部分は、下記のような流れとなっています。こちらはよく「法的三段論法」などと呼ばれています。

法令解釈　➡　認定事実とその当てはめ　➡　結論

　この中で、裁判所や国税不服審判所は、結論を出した後に、双方の主張のうち認められなかったものに対し、「被告は、……と主張する。しかしながら、……は明らかである。したがって、被告の上記主張は採用することができない」として、認めなかった主張についての判断を必ずしています。つまり、主張を裁判所の判断の前に読んでからでないと「当裁判所の判断」部分は読めないというわけではなく、判断部分のみでも、内容を理解し、主張を十分確認することができるのです。

結論　➡　結論の後に、双方の主張のうち、認めなかったものについて、なぜその主張を認めなかったのかについての説明部分はちゃんとある。

## 3　判断部分を分けて読んでいく

　判決書や裁決書の判断部分の流れについて、もう一度おさらいしましょう。

　上記のような流れになっていました。これをみると非常に実務家向けだと思いませんか。税理士は、顧問先で発生した事案や社長などから相談を受けた事柄に対し、それを税法という法律に当てはめ、結論を自ら出して、相手に回答し、処理していきます。まさに同じことを裁判所が実際に起こった事例で行っているのです。

　しかし、あくまで裁判は、裁判官がその事例に対して行った判断であることを忘れてはなりません。実は、ここが判決書や裁決書を読む最大のポイントであり、実務に活かせるか活かせないのかの境目となります。つまり、実務に活かすためには、「当裁判所の判断」部分を、一般的な他の事案にも応用できる判断部分と今回の事案に対する個別的な判断部分に分けなくてはいけません。その上で、参考にすべきところや今回の事案ではこういう判断だったが、認定事実のうちここの部分が違えば結論は異なるのではないかということを考えて読んでいくことが必要となります。

## 4　「当裁判所の判断」部分の読み方

### (1)　法令解釈部分の読み方

　「当裁判所の判断」部分のうち、「法令解釈」の部分は、判例と呼ばれる先例的な裁判所の判断を引用してなされている場合が多いです。また、

判例などがない場合では、過去の裁判の判断部分を引用して裁判官がその法律の解釈を行っています。

法令解釈部分は、一般的な他の事案にも応用できる部分となります。課税要件や賦課決定処分を行う場合の要件を確認したいときなどに、判示された項目をそのまま参考とすることができます。判決によっては、その法律が導入された経緯や趣旨なども記載されていますので、非常に参考になります。

一方で、裁判によっては、この法令の解釈自体を争っている場合や、法律でない課税庁の通達の解釈を争っている場合もあります。そして、訴訟の場合、どこの裁判所で出された判断なのかも注意する必要があります。

法令解釈部分については、最高裁にて判断がなされるという場合も多いですし、最高裁以外でもなされる場合があります。最高裁は、法令解釈の統一という役割を担っているとされているので、その判断部分については、そのまま法令解釈として参考にできます。しかし、下級審で行っている場合には、上級審で判断が覆ることもあります。また、過去には、この法令解釈部分を最高裁でなく高裁で変更したものもありました。

例えば、交際費に該当するのかが争われた裁判に萬有製薬事件というのがあります。交際費といえば、租税特別措置法61条の4です。その4項では「交際費等とは、交際費、接待費、機密費その他の費用で、法人が、その得意先、仕入先その他事業に関係のある者等に対する接待、供応、慰安、贈答その他これらに類する行為（…（中略）…）のために支出するもの」とあります。

従前この解釈については、支出の相手方と支出の目的に争点を当てた旧二要件説と新二要件説とがありました。萬有製薬株式会社が控訴人となった平成15年9月9日の東京高裁（平成14年（行コ）第242号／税務訴訟資料253号順号9426）にて「当該支出が『交際費等』に該当するというためには、①『支出の相手方』が事業に関係ある者等であ

り、②『支出の目的』が事業関係者等との間の親睦の度を密にして取引関係の円滑な進行を図ることであるとともに、③『行為の形態』が接待、供応、慰安、贈答その他これらに類する行為であること、の三要件を満たすことが必要であると解される」とする三要件説が採用され、その後の裁判などでは、この解釈が適用されるようになりました。このように、最高裁以外でも重要な法令解釈がなされることがあります。

　法令解釈部分については、他の事例にも適用できるため、ここは重点的に読む必要があります。既に、先例的な判断がなされている場合には、それを知ることができます。そのような先例的な判断がない場合にも、今回の事案に対する裁判官らの判断を知る上で特に重要な箇所となります。

## ⑵　認定事実部分の読み方

　認定事実部分とは、裁判などで明らかになった事実となります。つまり、ここが判断の基礎となる部分であり、この部分の事実が若干でも違うと、判断も違うものになる可能性もあるので、一層注意深く読まなければならないところです。

　ここで挙げられている事実のうち証拠となるものは、大きく分けて、物的なものと人的なものに分けられます。物的なもののうち租税訴訟でよく出てくるものとしては、契約書や領収書などがありますし、役員退職給与などであれば、株主総会、取締役会の議事録があります。

　一方、人的なものとしては、裁判所や国税不服審判所などでの関係者の答述・申述などがあります。なお、これらの場合には、必ずその信用性についての検討もセットとなっています。

　認定事実部分では、あくまで何が真実であるのかだけを検証します。そうしないと、最終的な当てはめをした後の結論が違ってくることになります。裁判官もここを中心に、注意深く取り扱っているのがわかります。

　この認定事実部分は、争点ごとに書かれています。そのため、争点が多い長文の判決ですと、この認定事実が長くなっているものもあります。そういう場合は、必ず個々の検討について「小括」や「まとめ」、「上記前提事実のとおり」などと書かれたまとめ部分がありますので、そこを重点的に読んで、判決を頭の中で整理するという方法がお勧めです。

### (3)　当てはめ

　ここは、判決や裁決のクライマックスであり、結論です。今回の事案の認定事実を法令解釈に当てはめて、結論を出しています。

　租税訴訟の多くの場合、この結論部分は、二重構造となっています。一つは、課税庁（国）が行った処分の適法性がどうかということと、もう一つは、その裁判の結論です。

　処分の適法性については、今まで検討したことをまとめ、「以上によれば……、これまでに述べたところ及び弁論の全趣旨によれば、本件更正処分等は、別紙のとおりいずれも適法なものと認められる」や「したがって、……本件各更正処分は違法なものとして取消しを免れないというべきである」といった書きぶりになっています。処分が適法であったか、それとも取り消すべきものであるのかの結論を出しています。

　一方の裁判の結論とは、原告の請求に対し、それを認めるのか、それとも理由がないとして斥けるのかなどです。棄却の場合は、「よって、原告の請求はいずれも理由がないから棄却することとし、訴訟費用の負担について行政事件訴訟法7条、民事訴訟法61条を適用して、主文のとおり判決する」や「よって、原告の請求は理由があるからこれらをいずれも認容することとして、主文のとおり判決する」といった書きぶりになっています。必ず、「主文のとおり判決する」が決まり文句となっています。

## 5　高裁判決書は、地裁判決の訂正・追加をどう読むかが ポイント

　高裁判決書の構造そのものは、地裁判決書とほぼ同じです。しかし、その内容は、大きく２つに分けられます。一つは、地裁判決と判断もほぼ変わらず、地裁判決書の引用・訂正・追加がなされるもの、そしてもう一つは、高裁で新たに争点が加わったなどの理由により地裁とは違う判断がなされるものです。この２つでは、読み方が変わってきます。

　まずは、地裁判決と判断もほぼ変わらず、地裁判決書の引用・訂正・追加がなされるもの読み方です。

　地裁判決書の引用については、「第３　当裁判所の判断」の下に「当裁判所も、原判決と同様、本件各更正処分等は適法であるから、控訴人の本件請求はいずれも棄却すべきものと判断する。その理由は、原判決の『事実及び理由』中の第５・１ないし４に記載のとおりであるから、これを引用する」などと書かれていることが多いです。

　こういう場合は、地裁で判断された法令解釈、認定事実、そして当てはめもほぼ同じですので、地裁判決書の該当箇所を読んでくださいというもので、要するに、地裁の判断とほぼ変わらないということになります。そのため、地裁判決書の「事実及び理由」を再確認すればいいということになります。

　続いて、訂正や追加がある場合です。これは、「第３　当裁判所の判断」の下に、該当箇所の訂正・追加の情報が書かれています。

　例えば、ヤフー事件の高裁判決書をみてみましょう。「第３　当裁判所の判断」で「同 28 頁 25 行目の『組織再編税制において』の次に『個別否認規定を設けることに加えて』を加える」という文言がでてきます。実は、これが曲者です。なぜなら、この 28 頁というのは、地裁判決書の頁数なのです。訴訟の当事者であれば、判決書の正本又はコピーがありますので、28 頁を開けてみることができますが、私たちが読むのは、

裁判所のウェブサイトや税務訴訟資料に掲載された判決書です。これらを印刷して指定された頁数を開いてもその言葉は出てきません。

　私は、このような「○頁△行目に…訂正又は追加」という文言があった場合には、地裁判決書をパソコン上で確認し、Ctrl+F（ページ内検索のショートカットキー）で「組織再編税制において」という言葉を入力して、その語句のある箇所を検索し、該当箇所にて追加や訂正を確認しています。地裁判決書を紙で印刷している場合には、なかなかこの訂正箇所を特定するのは難しいです。

　また、軽微な訂正、追加の場合は、あえて地裁判決書を確認しないということもあります。例えば、「『(4)』を『(5)』と改める」や「『提出されたといった』を『提出されたなどといった』と改める」などです。追加や訂正は、大切な法令解釈や当てはめ部分も含まれています。そのため、効率よく地裁判決書の該当箇所を見つけて読むことが大切です。軽微な訂正や追加は、あえて読まないという選択肢もあります。

　次に、高裁で、主張が新たに追加された場合です。

　この場合には、「第3　当裁判所の判断」に「当審における控訴人の主張に対する判断」という項目が設けられることが多いので、そこを重点的に読んでいけばいいということになります。ここでは「控訴人は、○○と主張する。しかしながら、……控訴人の上記主張は採用することができない」などという文言となっています。控訴人が、今回の控訴に際し、新たに主張を追加したが、それが認められない場合にこのような書き方になっています。

　最後に、逆転判決として、地裁とは違う判断が高裁でなされることがあります。

　これについては、「第3　当裁判所の判断」のすぐ下に「当裁判所は、……から、本件各更正の請求は理由があり、これに理由がないとした本件各通知処分はいずれも違法であると判断する。その理由は以下のとおりである」などと結論から書かれていることもあります。また、高裁の

判断部分を書いて、その後結論として、「原判決中一審原告の請求を認容した部分は不当であるから、一審被告の控訴に基づき、原判決中、一審被告敗訴部分を取り消し……」と書かれることがあります。この場合でも、読み方としては、地裁判決書と変わりありません。法令解釈部分が変わったのか、同じ認定事実でも、当てはめ部分が違ったのか、その違いを確認することが大切になります。

## 6　地裁判決書と最高裁判決書では読み方が違う

　判決書の読み方といっても、地裁判決書と高裁判決書、そして最高裁判決書では、それぞれ読み方が違います。

　最高裁は、法律審となっていて、審理は、通常は書面にて行われます。租税訴訟の場合、法令解釈については最高裁で判断されることがありますが、個別の認定事実部分などについて、最高裁で審理され、判断されるということはありません。最高裁において審理されるのは、下級審において明らかな法令違反があった場合となります。個別の認定事実部分などについて審理が不十分な場合には、「破棄差戻し」として、もう一度原審である下級審に差し戻して、審理させることになります。その意味でも、地裁と高裁の判決書の読み方と最高裁の判決書の読み方は違います。同じものだと思って読んでしまうと、大変な勘違いとなってしまいます。

　地裁・高裁の判決書では、今までみてきたとおり、法令解釈はどのような判断がなされたのか、認定事実部分によりこの事案特有のものはどこか、一般的な事案ではどの部分が実務的に応用できるのかが読むポイントとなりました。一方で最高裁の判決書は、法令解釈部分がどのように判断されたのかという点だけですので、そこが読むポイントとなります。

　最高裁判決書の構造は、判決・主文・理由です。その中の理由に注目

すると、ここでは簡単な事実関係の概要、それに対する原審の判断が続きます。

　そして、その後「しかしながら、原審の上記判断は是認することができない。その理由は、次のとおりである」という言葉が出てきて、原審判断のうち、法令部分の正しい解釈と続きます。最後に「以上と異なる原審の前記判断には、判決に影響を及ぼすことが明らかな法令の違反がある。論旨は理由があり、原判決は破棄を免れない」となります。その後、裁判官の補足意見や反対意見などがある際には、それらが記載されています。

　やはり、最高裁判決書では、その法律審としての役割を考慮し、原審の判断とそれに対する最高裁における法令解釈部分を注視して読むことになります。「しかしながら、原審の上記判断は是認することができない。その理由は、次のとおりである」という文言で始まる文章がある場合には、そこを重点的に読むことになります。過去の先例的な判断が引用されている場合もありますし、独自に判断をしているものもあります。

　裁判所のウェブサイトで公表された最高裁判決書には、重要な判断部分に下線が引かれています。つまり、この部分こそが重要であり、最高裁の結論ともいえます。

　最高裁の読み方で注意すべき点は、その裁判の結果が「破棄差戻し」となっているものです。この場合、最高裁が法律審として一定の法令解釈を行ってはいますが、裁判としては終了していません。認定事実の部分では、更に審理を尽くすために高裁に戻されるのです。裁判の結果が「破棄差戻し」かどうかを知るには、裁判所のウェブサイトの「裁判例結果詳細」の「結果」をみてください。また、判決等の「理由」の最後に「以上によれば、原審の判断には判決に影響を及ぼすことが明らかな法令の違反がある」の後に「そして、本件……について更に審理を尽くさせるため、上記部分につき本件を原審に差し戻すこととする」などと書かれている場合には、高裁に差し戻されるということになります。

　事実審である地裁・高裁と法律審である最高裁では、同じ判決でも読み方が異なることになります。

# 7　判決等の効力

　次は、判決や裁決の効力についてみていきます。つまり、読んで終わりということではないということです。その裁判、審査請求について、争った納税者と処分庁との関係、処分庁が行った処分がその後どうなるのかということです。これは、読んだ判決、裁決が実務上どういう意味を持つかということを知る上でも大切なものです。

## (1)　取消判決の効力

　判決のうち、処分が取り消されるという判決が出た場合のその効力について、行政事件訴訟法 32 条、33 条では、次のように規定しています。

**(参考) 行政事件訴訟法 32 条、33 条**
（取消判決等の効力）
第 32 条　処分又は裁決を取り消す判決は、第三者に対しても効力を有する。
2　前項の規定は、執行停止の決定又はこれを取り消す決定に準用する。
第 33 条　処分又は裁決を取り消す判決は、その事件について、処分又は裁決をした行政庁その他の関係行政庁を拘束する。
2　申請を却下し若しくは棄却した処分又は審査請求を却下し若しくは棄却した裁決が判決により取り消されたときは、その処分又は裁決をした行政庁は、判決の趣旨に従い、改めて申請に対する処分又は審査請求に対する裁決をしなければならない。
3　前項の規定は、申請に基づいてした処分又は審査請求を認容した裁決が判決により手続に違法があることを理由として取り消された場合に準用する。
4　第 1 項の規定は、執行停止の決定に準用する。

　判決には、３つの効力があるとされています。判決の形成力、既判力そして拘束力です。

　判決の形成力とは、処分の取消しを求める訴訟でその請求を認める判決が確定すると、その訴訟の対象となった処分について、処分行政庁の処分取消しを待たなくても、遡って効力を失うというものです。そして、その効力は、行政事件訴訟法32条1項のように、第三者に対しても有しているということになります。

　判決の既判力とは、確定した判決の判断内容についての後訴に対する拘束力、運用力のことです。つまり、確定判決後は、同一事項について既判力が生じている判断部分については再度争うことが許されないということになっています。

　判決の拘束力とは、行政事件訴訟法33条1項に記載のとおり、処分を取り消す判決は、その事件については、処分を行った行政庁を拘束するということになります。

## (2)　裁決の拘束力

　国税通則法102条は、裁決の拘束力について書かれているものです。同条1項に「裁決は、関係行政庁を拘束する」とあります。この部分の解釈については、原処分を取り消す又は変更する旨の裁決があった場合には、その処分については、その裁決のとおり取り消され、変更されるということです。そして、その処分を行った処分庁は、同じ理由により再更正することはできないとされています。

**(参考) 国税通則法102条**
（裁決の拘束力）
第102条　裁決は、関係行政庁を拘束する。
2　申請若しくは請求に基づいてした処分が手続の違法若しくは不当を理由として裁決で取り消され、又は申請若しくは請求を却下し若しくは棄却した処分が裁決で取り消された場合には、当該処分に係る行政機関の長は、裁決の趣旨に従い、改めて申請又は請求に対する処分をしなければならない。
3　国税に関する法律に基づいて公示された処分が裁決で取り消され、又は変更された場合には、当該処分に係る行政機関の長は、当該処分が取り消され、又は変更された旨を公示しなければならない。

4　国税に関する法律に基づいて処分の相手方以外の第109条第1項（参加人）に
　規定する利害関係人に通知された処分が裁決で取り消され、又は変更された場合に
　は、当該処分に係る行政機関の長は、その通知を受けた者（審査請求人及び参加人
　を除く。）に、当該処分が取り消され、又は変更された旨を通知しなければならない。

### (3)　最高裁判決等の効力

　個々の裁判所は、それぞれ独立して裁判権を行使するとされています。
しかし、最高裁判所が示した法令解釈部分の判断は、やはり特別です。
その後、同様の事案の場合、必ず法令解釈部分については、先例的な最
高裁の判断が引用されています。

## 8　実務との関連性

　判決や裁決をどう実務と関連付けるかというところが最大の問題で
す。判決等と実務との関係でいえば、自らがその裁判等に関与している
場合と、現在抱えている実務上発生した問題点との関連性を考える場合
とに分かれると思います。

　前者については、裁判や審査請求において、取消しや変更という結果
が出た場合には、その処分については、判決や裁決のとおりとなり、再
度同じ理由で再更正はなされません。しかし、棄却又は却下となりそれ
が確定した場合には、それに従わなくてはなりません。

　後者について考える場合には、上記3の「判断部分を分けて読んでい
く」で取り上げたように、判断部分を一般的なものと個別事案に対する
ものに分けていく必要があります。

　例えば、税務調査時に調査担当職員の方と、一般的な法令解釈におい
て考え方に違いが生じている場合には、裁決書及び判決書のコピーを提
示して論争するという方法があります。顧問先などから相談があった際
にも、法令解釈部分はこのようになっていると説明することができるで
しょう。つまり、既に判決や裁決で示された法令解釈については、この

ように考えるべきであるという指針となることには間違いありません。

　一方で、個別事案的な部分については、税理士が抱える事案との相違がどの部分で、どの程度なのかということになります。例えば、ほぼ同様の事案といえるようなものであれば、その判決や裁決と同様の結論が予想されるとして行動できるでしょう。しかし、相違がある場合には、どこが、どの程度、その判決や裁決と違いがあるのかにより、結論にも差が生じます。前提事実のところが大きく異なっている場合には、参考にした判決等と全く違う判断がなされることもあります。この場合には、同種の事案について争われた複数の判決等により、その前提事実と自身の事案との差がどれくらいあるのかにより、自ら判断をしていく必要があります。

## 9　判決や裁決の落とし穴

　判決や裁決の読み方について、今まで見てきました。最後に、これらの落とし穴について、お話ししたいと思います。判決や裁決を読んでいると落とし穴があることに気づきます。それは、その後の訴訟や上級審の判断により変わっているのか、そして判断された部分がその後の税制改正などにより変わっているのかということです。この2点については、必ず確認することが必要です。

　判決の場合は、上級審に控訴あるいは上告されたのかどうかは税務訴訟資料の目次などで確認することができます。やっかいなのは、裁決の方です。裁決を多く収録している有料のデータベースでも、その事案が裁判所に提訴されているのかなどの情報は明確に示されてはいません。実は、この部分は、地裁判決書にしか書かれていません。地裁判決書では、「第2　事案の概要等」の中の「前提事実」、「本件訴訟に至る経緯」に書かれています。しかし、その後の高裁判決書などでは、改めて裁決の日付などが記載されることはありません。裁決を読んで、「こういう

法令解釈なのね」と感心して読んでいたら、実は裁判では逆転し、違う法令解釈となっていたなどということはあります。そのため、裁決は、特に注意が必要です。

　次に、判決書・裁決書を読んでいて、その後の税制改正により法令そのものが変わってしまったということも多く発生しています。判決書や裁決書に記載されている条文もその係争当時のものですので、その後の税制改正により変わっている点がないかということを必ず確認する必要があります。

　あるとき、判決の内容を友人らに話をしたら、「それって、改正されているよね」なんて指摘されるかもしれません。実は、私も、言われた経験があります。

> **POINT**
>
> **判決書・裁決書の読むべきポイント**
> - 最初から一字一句読まずに、メインとなる部分を集中的に読む。
> - 「当裁判所の判断」部分は、一般的な事項の判断と個別的事項の判断について分けて読む。
> - 最高裁は、法律審。ここでなされた法令解釈は、先例的な判断として他の判決等で引用される場合が多いので、注視して読む。
> - 実務に活かすところは、判断部分の一般的な事柄（法令解釈など）の判断。個別的事項の判断部分は、自身の事案との事実関係の差により当てはめを慎重に行う。

## 第**3**節　租税訴訟等についての必要最低限の知識を得よう

### 1　納税者が処分の取消しを求める場合
　　（再調査の請求から始まり審査請求を経て最高裁へ）

　ここでは、納税者が課税庁より更正処分や加算税の賦課決定処分など
を受けた場合に、これらの処分の取消しを求める流れについて、確認し
たいと思います。

　大きくは、不服申立制度と裁判所による租税訴訟があります。我が国
では、行政事件訴訟法8条1項に「処分の取消しの訴えは、当該処分に
つき法令の規定により審査請求をすることができる場合においても、直
ちに提起することを妨げない。ただし、法律に当該処分についての審査
請求に対する裁決を経た後でなければ処分の取消しの訴えを提起するこ
とができない旨の定めがあるときは、この限りでない」との規定があり
ます。つまり、原則は審査請求を経ることなく提訴はできます。しかし、
ただし書にあるように、法律に審査請求前置（不服申立前置）の規定が
ある場合には、審査請求を経てからの提訴となります。

　租税に関しては、このただし書にあるように、法律で審査請求前置の
規定があります。国税に関しては国税通則法115条1項に、地方税に
関しては地方税法19条の12に規定があります。つまり、国税も地方
税も必ず審査請求に対する裁決を経て訴訟に場を移すということになり
ます。例外的に、審査請求がされた日の翌日から起算して3月を経過し
ても裁決がないときなどは、裁決後でなくとも訴訟を提起することがで
きます（通法115①一）。

　なお、平成26年6月に国税通則法が改正され、平成28年4月1日
以後に行われる不服申立制度が変わりました。以前は、原則として税務
署長等に対する「異議申立て」を行ってからでないと審査請求ができま

## 租税訴訟に至るまでの流れ

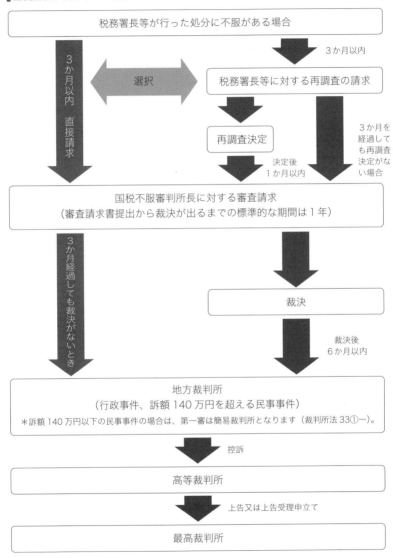

税務署長等が行った処分に不服がある場合

3か月以内

選択

税務署長等に対する再調査の請求

3か月以内 直接請求

再調査決定

3か月を経過しても再調査決定がない場合

決定後1か月以内

国税不服審判所長に対する審査請求
（審査請求書提出から裁決が出るまでの標準的な期間は1年）

3か月経過しても裁決がないとき

裁決

裁決後6か月以内

地方裁判所
（行政事件、訴額140万円を超える民事事件）
＊訴額140万円以下の民事事件の場合は、第一審は簡易裁判所となります（裁判所法33①一）。

控訴

高等裁判所

上告又は上告受理申立て

最高裁判所

＊国税不服審判所「審判所ってどんなところ？　国税不服審判所の扱う審査請求の
あらまし」5頁を参考に作成

せんでした。しかし、改正後は、「異議申立て」が「再調査の請求」と名称を変え、納税者の選択により「再調査の請求」を行わずとも、審査請求ができるようになりました（通法75①一ロ）。

**（参考1）国税通則法115条1項**
（不服申立ての前置等）
第115条　国税に関する法律に基づく処分（第80条第3項（行政不服審査法との関係）に規定する処分を除く。以下この節において同じ。）で不服申立てをすることができるものの取消しを求める訴えは、審査請求についての裁決を経た後でなければ、提起することができない。ただし、次の各号のいずれかに該当するときは、この限りでない。

　　一　国税不服審判所長又は国税庁長官に対して審査請求がされた日の翌日から起算して3月を経過しても裁決がないとき。
　　二　更正決定等の取消しを求める訴えを提起した者が、その訴訟の係属している間に当該更正決定等に係る国税の課税標準等又は税額等についてされた他の更正決定等の取消しを求めようとするとき。
　　三　審査請求についての裁決を経ることにより生ずる著しい損害を避けるため緊急の必要があるとき、その他その裁決を経ないことにつき正当な理由があるとき。
2　（省略）

**（参考2）地方税法19条の12**
（審査請求と訴訟との関係）
第19条の12　第19条に規定する処分の取消しの訴えは、当該処分についての審査請求に対する裁決を経た後でなければ、提起することができない。

## ⑴　不服申立制度について

　税務署長等が行った処分に不服がある場合に、納税者がその処分の取消しを求める不服申立制度には、税務署長に対する再調査の請求と国税不服審判所長に対する審査請求の2つの手続があります。これは、納税者の選択により、再調査の請求を経ることなく、審査請求をすることができます。

　再調査の請求は、税務署長等が更正・決定や差押えなどの処分をした場合に、その処分に不服がある納税者が税務署長等に対してその処分の取消しや変更を求める手続です。処分の通知を受けた日の翌日から3か

月以内に所轄税務署長等に再調査の請求書等を提出して行います（通法
77 ①、81、82）。

　再調査の決定に不服がある場合には、その再調査決定書謄本の送達が
あった日の翌日から1か月以内に、国税不服審判所長に対し審査請求を
することができます（通法 75 ③、77 ②）。なお、再調査の請求を行っ
た後でも、再調査の請求をした日の翌日から起算して3か月を経過して
も、決定がない場合には、国税不服審判所長に対して、審査請求を行う
ことができます（通法 75 ④一）。

　再調査の請求を経ないで審査請求を行う場合は、その処分があったこ
とを知った日から3か月以内に行います。処分があったことを知った日
の翌日から起算して3か月を経過したときは、行うことができません（通
法 77 ①）。

　審査請求を行う場合の審査請求書の提出先は、審査請求の目的となる
処分を行った税務署長等の管轄区域を管轄する国税不服審判所支部（又
は支所）となります。現在 12 の支部と7つの支所があります。

　国税不服審判所の審理では、担当審判官1名及び参加審判官2名以上
で合議体が構成され、その合議により調査・審理が行われます。その後、
合議により議決が行われ、その議決に基づいて、国税不服審判所長が裁
決を行います。国税不服審判所のウェブサイトでは、審査請求書提出か
ら裁決が出るまでの標準的な期間は1年と定めているとの記載がありま
す。

## ⑵　租税訴訟について

　国税不服審判所長の裁決があった後の処分になお不服がある場合は、
裁決があったことを知った日から6か月以内に裁判所に提訴することが
できます（行政事件訴訟法 14 ①）。審査請求後3か月を経過しても裁
決がない場合には、裁決を経ないで裁判所に提訴することができます（通
法 115 ①一）。

　どの裁判所に提訴するかについては、行政事件訴訟法 12 条 1 項に、①被告の普通裁判籍の所在地を管轄する裁判所、②処分若しくは裁決をした行政庁の所在地を管轄する裁判所となっています。そのため、①の場合、被告である国、つまり法務省の住所地（東京都千代田区霞が関）を管轄する東京地裁となります。また、②のように処分や裁決が行われた行政庁の所在地も認められています。例えば、大阪の税務署により更正処分を受けた場合には、大阪地裁に提訴することもできます。

　地方裁判所は、裁判官 1 名又は 3 名の合議体により、審理します（裁判所法 26 ①、③）。高等裁判所の場合は、3 名の裁判官による合議制となります（裁判所法 18 ②）。最高裁判所では、小法廷の裁判官は 3 名以上で、大法廷は 15 名の裁判官の合議体となります（裁判所法 9 ②）。

### ⑶　租税訴訟の種類

　行政事件訴訟は、抗告訴訟と当事者訴訟に分けられます。抗告訴訟とは、行政庁の公権力の行使に関する不服の訴訟（行政事件訴訟法 3 ①）です。具体的には、①行政庁の処分その他公権力の行使に当たる行為の取消しを求める「処分の取消しの訴え」（行政事件訴訟法 3 ②）、②審査請求などの裁決の取消しを求める「裁決の取消しの訴え」（行政事件訴訟法 3 ③）、③課税庁の処分や裁決の存否、その効力の有無の確認を求める「無効等確認の訴え」（行政事件訴訟法 3 ④）などがあります。

　一方で、行政事件訴訟における当事者訴訟とは、当事者間の法律関係を確認し、形成する処分又は裁決に関する訴訟でその法律関係の当事者の一方を被告とするものや公法上の法律関係に関する確認の訴えその他の公法上の法律関係に関する訴訟をいいます（行政事件訴訟法 4）。具体的には、過誤納金の還付を求める請求訴訟などが行政事件訴訟法における当事者訴訟に該当します。

　行政事件訴訟のほかに、民事訴訟の中にも、租税訴訟に該当するものがあります。例えば、調査の違法による損害賠償を請求する国家賠償請

求訴訟などが該当します。税務訴訟資料を読んでいると、租税訴訟と一概にいっても、様々な争いがあることがわかります。

■**租税訴訟の類型**

| 区　分 | 類　型 | | 内　容 |
|---|---|---|---|
| 行政事件訴訟 | 抗告訴訟 | 取消訴訟 | 行政庁の処分その他公権力の行使に当たる行為の取消しを求める訴訟（行政事件訴訟法3②） |
| | | 裁決取消訴訟 | 審査請求その他の不服申立てに対する行政庁の裁決、決定その他の行為の取消しを求める訴訟（行政事件訴訟法3③） |
| | | 無効確認訴訟 | 処分若しくは裁決の存否又はその効力の有無の確認を求める訴訟（行政事件訴訟法3④） |
| | | 不作為の違法確認訴訟 | 行政庁が法令に基づく申請に対し、相当の期間内に何らかの処分又は裁決をすべきであるにかかわらず、これをしないことについての違法の確認を求める訴訟（行政事件訴訟法3⑤） |
| | | 義務付け訴訟 | 行政庁が一定の処分をすべきであるにかかわらずこれがされないときなどに、行政庁がその処分又は裁決をすべき旨を命ずることを求める訴訟（行政事件訴訟法3⑥） |
| | | 差止め訴訟 | 行政庁が一定の処分又は裁決をすべきでないにかかわらずこれがされようとしている場合において、行政庁がその処分又は裁決をしてはならない旨を命ずることを求める訴訟（行政事件訴訟法3⑦） |
| | 当事者訴訟 | | 当事者間の法律関係を確認し又は形成する処分又は裁決に関する訴訟で法令の規定によりその法律関係の当事者の一方を被告とするもの及び公法上の法律関係に関する確認の訴えその他の公法上の法律関係に関する訴訟（行政事件訴訟法4） |
| 民事訴訟 | 国家賠償請求訴訟 | | 国又は公共団体の公権力の行使に当たる公務員が、その職務を行うについて、故意又は過失によって違法に他人に損害を加えた場合に、その損害を請求する訴訟（国家賠償法1①） |

## 2　判決書、裁決書に出てくる用語を学ぶ

　判決書や裁決書を読む場合、独特の用語がわからないと深く理解できません。例えば、第1節2(4)にヤフー事件の最高裁が2つ出てきました。よくみると第1節2(4)の表の左側（平成28年2月18日最高裁）は最高裁決定、右側（平成28年2月29日最高裁）は最高裁判決となっています。これらにはどんな違いがあるのでしょうか。用語を知ることは、判決書や裁決書をより深く理解することができます。

### (1)　当事者、代理人等

　判決書の構造のところで、判決の下に「当事者、代理人等」と書きましたが、裁判所のウェブサイトで実際の判決書を見た方は、それがないということに気づきましたか。

　実は、裁判所のウェブサイト及び国税不服審判所の公表裁決事例に掲載されているものには、「当事者、代理人等」は掲載されていません。税務大学校のウェブサイトで税務訴訟資料を見ていただくと、こちらには、当事者が仮名で掲載されています。これは個人情報保護の観点に基づくものです。しかし、当然のことですが、判決書の正本には、当事者が記載されています。

　一般に「租税訴訟」と呼ばれる、課税庁から受けた処分を取り消すことを求める訴訟においては、地裁の原告となるのは納税者です。当事者の最初に記載されるのも、この原告である納税者となります。一方、被告は国となっており、その下に法務大臣名、処分行政庁が並びます。

　行政事件訴訟法11条1項では、「処分又は裁決をした行政庁（…（中略）…）が国又は公共団体に所属する場合には、取消訴訟は、次の各号に掲げる訴えの区分に応じてそれぞれ当該各号に定める者を被告として提起しなければならない」とし、処分の取消しの訴えの場合、被告となるのは、その処分をした行政庁の所属する国又は公共団体と規定されて

います（行政事件訴訟法 11 ①一）。そのため、被告は国となっているのです。なお、これは、平成 17 年4月1日に施行された改正法により、改められました。それ以前の税務訴訟資料などをみると、被告の欄には処分を行った税務署長名が記載されています。

　地裁の判決に不服がある場合には、不服のある方が第二審に控訴します。高裁などの控訴審では、控訴した方が控訴人となり、相手方が被控訴人となります。また、双方が控訴する場合もあり、その際には、当事者が「被控訴人兼控訴人」や「控訴人兼被控訴人」となります。

　さらに、第二審の判断に不服がある場合には、上告となります。こちらも上告を行った方が上告人となり、相手方は被上告人となります。また、上告受理申立ても併せて行った場合には、「上告人兼申立人」や「被上告人兼相手方」などとなります。

## ⑵　主文

　主文とは、判決の結論を示しており、判決書の結論部分と訴訟費用の負担に関するものの2つで構成されています。訴訟費用の負担については、民事訴訟法 67 条1項で「裁判所は、事件を完結する裁判において、職権で、その審級における訴訟費用の全部について、その負担の裁判をしなければならない」と規定があるために、その判断をしているものです。

　例えば、下記の裁判例の主文を見てください。

---

主　文

1　(1)　控訴人の控訴に基づき、原判決中控訴人敗訴部分を取り消
　　　す。
　　(2)　上記(1)の部分につき被控訴人の請求を棄却する。
2　被控訴人の附帯控訴を棄却する。
3　訴訟費用（控訴費用，附帯控訴費用を含む。）は第一、二審と
　　もに被控訴人の負担とする。

---

　上記判決の主文は、どういうことを言っているのでしょうか。「取り
消す」や「棄却する」などの言葉が並びます。この判決書は、平成30
年4月25日東京高裁（平成29年（行コ）第334号、平成30年（行コ）
第27号／税務訴訟資料268号順号13149）の判決書です（役員退職
給与が争われたもので、平均功績倍率1.5倍の功績倍率の事案として有
名です。裁判所のウェブサイトの行政事件裁判例集や税務大学校のウェ
ブサイトの税務訴訟資料で読むことができます）。

　まず、この主文1の意味としては、控訴人の請求が認められ、原判決
（第一審）で控訴人が敗訴した部分についての判決は取り消され（つまり、
控訴人の請求していたとおりに認められ）、被控訴人が行った控訴につ
いては、相当でないとして棄却されたというものです。ここまでで、主
文1の解釈となります。

　そして、被控訴人が行った附帯控訴（控訴審の最中に行った控訴。民
事訴訟法293①）は斥けられ（主文2）、訴訟の費用については、第一
審と第二審とも被控訴人が負担してください（主文3）という判断となっ
ています。

　この裁判は、第一審では納税者の主張が一部のみ認められた事案で
した。それに不服のあった国側が控訴したものです。これを納税者の視
点からみると、処分を取り消してくださいと裁判を提訴し、第一審では

その請求が一部しか認められなかったため、納税者も控訴したが、控訴審である東京高裁では、一転、納税者側の請求が認められず、処分は取り消されないこととなったということです。このように双方が控訴している場合には、誰の請求が認められたのか注意深く読む必要があります。

　また、この主文3では、訴訟費用の負担についても判断がなされています。民事訴訟法61条では「訴訟費用は、敗訴の当事者の負担とする」とされているので、敗訴となった被控訴人、つまり納税者側の負担ということになり、この判断がなされた高裁である第二審のみならず、第一審分も負担しなさいという厳しいものでした。

### (3) 審査請求、租税訴訟における判決等の種類

　ここでは、租税訴訟などにおける判決等の種類についてみていきます。地裁、高裁の多くは「判決」ですが、最高裁では、判決の他に「決定」もあります。また、処分が取り消された場合には、審査請求では「取消し」という言葉を使用しますが、租税訴訟の場合には、「認容」という言葉が使われます。

### ① 審査請求の場合

　納税者の請求が認められる場合には、「取消し」や「変更」となります。「取消し」は処分の全部及び一部が取り消されることです。一方、「変更」とは、耐用年数の短縮に関する処分や相続税等の延納や納税猶予に関する処分で変更がなされる場合をいいます。裁決数としては少ないです。

　納税者の請求が斥けられる場合には、「棄却」や「却下」となります。「棄却」は、請求に理由がない場合になされます。「却下」は、そもそも審査請求が法定で定められた期間（再調査の請求を経ない直接審査請求の場合には、処分があったことを知った日の翌日から3か月、再調査の請求を行った場合には、その決定書の謄本の送達があった日の翌日から起算して1か月）経過後になされたなどの法律の定めに基づいていない審査請求の場合になされます。

　これらは、一つの裁決で一つの種類というわけではありません。例えば、複数年（平成 25 年から 28 年）の所得税について更正処分された事例では、平成 25 年分の処分は一部取り消されましたが、その他の年分については、納税者の請求が棄却された場合などでは、「一部取消し」と「棄却」ということになります。

**▌審査請求における裁決の種類**

| 種　類 | 内　容 |
|---|---|
| 全部取消し | 審査請求に理由があり、その審査請求に係る処分の全部が取り消される場合（通法 98 ③） |
| 一部取消し | 審査請求に理由があり、その審査請求に係る処分の一部が取り消される場合（通法 98 ③） |
| 変更 | 審査請求に理由があり、その審査請求に係る処分の全部又は一部が変更される場合（通法 98 ③） |
| 棄却 | 審査請求に理由がない場合（通法 98 ②） |
| 却下 | 審査請求が法定の期間経過後にされた場合又はその他不適法である場合（通法 98 ①） |

② 　訴訟の場合
＜第一審＞
　まず、第一審である地裁（原告が納税者で、被告が国）の場合を取り上げます。
ア 　納税者の主張が認められた場合
　　納税者の主張が認められた場合に出される判決としては、その認められた部分が請求の一部である場合の「一部認容」と、請求の全てが認められた場合の「認容」があります。
イ 　納税者の主張が斥けられた場合
　　納税者の主張が認められなかった場合に出される判決には、「棄却」と「却下」があります。「棄却」とは、事実認定等について検討を重ねたが、納税者の主張が認められなかったものをいいます。一方、「却

下」とは、そもそも訴訟の要件を満たしていない（訴えの利益がない、出訴期間を過ぎているなど）ので、その請求を斥ける場合に用いられます。

**▎訴訟における判決の種類**

| 種　類 | 内　容 |
|---|---|
| 認容 | 訴訟の審理の結果、取消しを求める処分の全部が取り消される場合 |
| 一部認容 | 訴訟の審理の結果、取消しを求める処分の一部が取り消される場合 |
| 棄却 | 訴訟の審理の結果、取消しを求める処分が違法でないとして請求を斥ける場合 |
| 却下 | 不服申立てを経ていない、提訴が出訴期間経過後であるなど訴訟の要件が満たされていない場合 |

＜控訴審＞

次に控訴審をみていきます。控訴審では、控訴した人がどのような請求をしているのかを審理します。上記(1)の「当事者、代理人等」のところでも確認しましたが、控訴をした人が控訴人となりますので、必ずしも納税者がなる、国がなるというのは決まっていません。また、既に第一審の判決が出ていることから、第一審判決が相当なのかどうかの判断となります。なお、控訴審の判決の種類として「差戻し」というものがありますが、租税訴訟ではほとんどありません。

ア　控訴人の主張が認められた場合

通常控訴をするのは、第一審で請求が認められなかった方が行います。そのため、控訴人の主張が認められるということは、即ち第一審とは違う判断になるということになります。つまり、控訴が認容されたことになりますが、主文では「認容」という言葉は使用されず、「原判決を取り消す」となります。あくまでも、第一審の判決との対比となりますので、「原判決取消し」と主文には書かれるのです。

イ　控訴人の主張が斥けられた場合

控訴がなされた場合、その第一審判決が相当であるときなどには、控訴を「棄却」する判断となります。また、訴訟の要件を満たしていないような不適法の場合には、「却下」となります。

控訴審における「棄却」については、主文を注意深く読むことが大切です。「棄却」の文字だけ見て、控訴人の請求が認められなかったと言い切れるほど単純なものではありません。上記(1)の「当事者、代理人等」のところでも説明しましたが、控訴するのは片方だけでなく、原告と被告の双方が行う場合もあります。そのため、どちらが控訴し、どちらの請求が棄却されたのか注意深く読む必要があります。

**控訴審における判決の種類**

| 種類 | 内　容 |
|---|---|
| 原判決取消（控訴認容） | 第一審判決が不当である場合（民事訴訟法305）や第一審の判決の手続が法律に違反した場合（民事訴訟法306） |
| 控訴棄却 | 控訴裁判所が、第一審判決を相当であると判断した場合（民事訴訟法302①）や第一審判決がその理由によれば不当である場合でも、他の理由により正当である場合（民事訴訟法302②） |
| 控訴却下 | 控訴が不適法でその不備を補正することができない場合（民事訴訟法290） |
| 差戻し | 訴えを不適法として却下した第一審判決を取り消す場合には、事件を第一審裁判所に差し戻さなければならない（民事訴訟法307） |

<上告審>

控訴審での判決に不服がある場合には、さらに上告審へ進みます。上告審に対しては、「上告」と「上告受理申立て」の２つがあります。

「上告」とは、判決に憲法の解釈の誤りがあることその他憲法の違反があることを理由とするときに行うことができるものです（民事訴訟法312①）。一方、最高裁に対してなされる「上告受理申立て」とは、原判決に最高裁の判例と相反する判断がある事件やその他の法令の解釈に関する重要な事項を含むものと認められる事件について行うことができ

るものです（民事訴訟法 318 ①）。

　次に、上告審で行われる判断についてみていきましょう。基本的に、上告審は、憲法の解釈の誤りや法令の解釈の誤りなどを審理する場となっています。そのため、上告状、上告理由書、答弁書その他の書類により、上告について理由がないと認められるときは、口頭弁論を経ないで、判決で、上告を棄却することができる（民事訴訟法 319）とされています。また、上告裁判所である最高裁は、上告の理由が明らかに法令解釈に違反するなどの事由に該当しない場合には、決定で、上告を棄却することができる（民事訴訟法 317 ②）とされています。

　「判決」と「決定」の違いは何かといいますと、「判決」とは、裁判所が最終的な結論を出すことですが、「決定」とは、裁判所が書面審理などの簡単な審理で結論を出すことです。そのため、地裁や高裁では判決が出されますが、最高裁における上告棄却や上告受理申立不受理などは書面で結論を出しますので、その場合は「決定」となるのです。

▌「判決」と「決定」の違い

| 種類 | 内　容 |
|---|---|
| 判決 | 裁判所が審理してきた事件について、裁判所の最終的な結論を出すこと。最高裁において判決を言い渡す場合には、弁論を開いて意見を述べる機会が設けられますが、弁論を聞かないで判決することもあります。 |
| 決定 | 裁判所が、書面審理などの簡単な審理で結論を出すこと。最高裁において、上告申立理由に当たらないなどの場合には、決定が多くなります。 |

　なお、訴訟については、裁判所において口頭弁論をしなければならない（民事訴訟法 87 ①）となっています。そのため、最高裁において口頭弁論が行われるということは、その裁判で控訴審の判断が覆される可能性があるということになります。

## ▌上告審で行われる判断

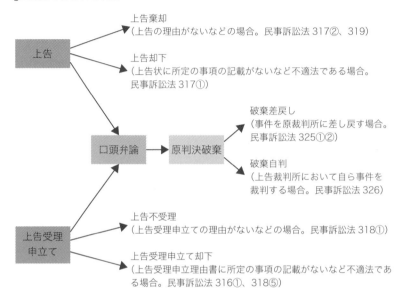

　租税訴訟の場合は、控訴審の判断に不服があり「上告」を行っても、憲法解釈の誤りとされることは少ないので、「上告棄却」が多くなります。「棄却」や「却下」となると原判決である控訴審の判断が維持されることになります。

**┃上告審における判決の種類**

| 種　類 | 内　容 |
|---|---|
| 破棄自判 | 確定した事実について憲法その他の法令の適用を誤ったことを理由として判決を破棄する場合など（民事訴訟法 326） |
| 破棄差戻し | 判決に憲法の解釈の誤りがあることその他憲法の違反があるときに、原判決を破棄し、事件を原裁判所に差し戻す場合（民事訴訟法 325①②） |
| 上告棄却 | 上告の理由がない場合（民事訴訟法 319）や正当な理由があるが、原判決の結論が維持される場合（民事訴訟法 317②） |
| 上告却下 | 上告が不適法でその不備を補正することができない場合（民事訴訟法 317①） |
| 上告不受理 | 上告受理の申立て（民事訴訟法 318①）により受理すべきと認められない場合 |
| 上告受理申立て却下 | 上告受理申立理由書に所定の事項の記載がないなど不適法である場合（民事訴訟法 318⑤） |

## ⑷　総額主義と争点主義

　租税訴訟や国税不服審判所について、よく聞かれる言葉として、「総額主義」と「争点主義」があります。「総額主義」とは、審理の対象を原処分の違法性一般とするもので、審理の範囲は納税者の所得の発生要件となり得る全ての事実関係に及ぶという考え方です。これに対し、「争点主義」とは、審理の範囲が当事者の主張によって確定された争点事項に限定されるという考え方です（「事務運営指針　審査事務の手引」平成 26 年 7 月国税不服審判所／出典：TAINS、TAINS コード：審査事務の手引 H260700）。総額主義では、Ａという理由により原処分が行われた場合、Ｂという別の理由により原処分を維持できるのに対し、争点主義では、原処分に有利なＢという理由の存在が判明していてもＡという理由の存在が否定されれば、原処分は取り消されるということになります。そのため、総額主義の場合、原則として自由に処分理由を差し替えることができるとされています。

　訴訟においては、総額主義が採用されています。昭和 49 年 4 月 18

45

日最高裁判決（昭和48年（行ツ）第94号／訟務月報20巻11号175頁）では、「被上告人のした本件決定処分は、上告人の昭和38年における総所得金額に対する課税処分であるから、その審査手続における審査の範囲も、右総所得金額に対する課税の当否を判断するに必要な事項全般に及ぶものというべきであり、したがつて、本件審査裁決が右総所得金額を構成する所論給与所得の金額を新たに認定してこれを考慮のうえ審査請求を棄却したことには、所論の違法があるとはいえない（なお、本件審査裁決は、審査請求を棄却しているから、不利益変更の禁止に触れないことはいうまでもない。）、そして、本件決定処分取消訴訟の訴訟物は、右総所得金額に対する課税の違法一般であり、所論給与所得の金額が、右総所得金額を構成するものである以上、原判決が本件審査裁決により訂正された本件決定処分の理由をそのまま是認したことには、所論の違法は認められない」などとして、総額主義として審査の範囲が、所得金額全体の当否に及ぶとしています。

　一方、審査請求を行う国税不服審判所では、不服審査基本通達（国税不服審判所関係）97−1で、「実質審理は、審査請求人の申立てに係る原処分について、その全体の当否を判断するために行うものであるが、その実施に当たっては、審査請求人及び原処分庁双方の主張により明らかとなった争点に主眼を置いて効率的に行うことに留意する」とし、総額主義を建前にしながらも、当事者双方の争点を中心に審理を行うとしています。実際に、国税不服審判所の設立を定めた「国税通則法の一部を改正する法律案」の可決に際し、昭和45年3月24日の参議院大蔵委員会において、「政府は、国税不服審判所の運営に当っては、その使命が納税者の権利救済にあることに則り、総額主義に偏することなく、争点主義の精神をいかし、その趣旨徹底に遺憾なきを期すべきである」との附帯決議が行われており、設立当初より争点を中心に審理を行うことになっています。

## ⑸　最高裁の判決の後に出てくる裁判官の意見とは

　裁判所法 11 条では、「裁判書には、各裁判官の意見を表示しなければならない」としています。租税訴訟においても、最高裁の判決書では、裁判官による補足意見や反対意見、意見などをよく見かけます。下級審の判決書では見られないものです。なぜ、最高裁においてこのような規定が設けられたのかについては、国民審査の制度（日本国憲法 79 ②③）があるからとされています。

　補足意見とは、「法廷意見に加わった裁判官がさらに自分だけの意見をこれに附加して述べるもの」で、反対意見とは、「ある論点についての法廷意見である多数意見の結論に反対するもの」です。意見とは、「その結論には賛成するが理由づけを異にする意見」となっています。これら３つを合わせて少数意見とも言われています。これらは、判決について、理解を深めてくれるものとして、ぜひ読んでいただきたいと思います。

＊上記⑸の記述は、中野次雄編著『判例とその読み方〔三訂版〕』104 〜 105 頁（有斐閣、2009 年）を参考として記述しました。

## ⑹　事件番号の決まり

　最後に、事件番号についてです。判決書には、必ず事件番号が出てきます。例えば、第１節に出てきたヤフー事件の地裁判決は、次の事件番号となっていました。

ヤフー事件（平成 26 年 3 月 18 日東京地裁）の事件番号

平成 23 年（行ウ）第 228 号

訴訟の提起された年　　　　1 月から提起順に付された番号

　括弧書きの（行ウ）については、行政事件記録符号規程及び民事事件記録符号規程により、事件の種類別に定められた符号になります。租税

訴訟でよく見かけるものを表にまとめてみました。

**▌事件記録符号一覧**

| | | 地方裁判所 | 高等裁判所 | 最高裁 |
|---|---|---|---|---|
| 行政事件<br>（処分の取消しを求める<br>もの） | | 令和〇年（行ウ）<br>第〇号<br>※行ウ：訴訟事件 | 令和〇年（行コ）<br>第〇号<br>※行コ：控訴事件 | 令和〇年（行ツ）<br>第〇号<br>※行ツ：上告事件 |
| | | | | 令和〇年（行ヒ）<br>第〇号<br>※行ヒ：上告受理<br>事件 |
| 民事事件<br>（国家賠償請<br>求や不当利得<br>返還請求な<br>ど） | | 簡易裁判所 | 地方裁判所 | 高等裁判所 |
| | 訴額140<br>万円以下<br>のもの | 令和〇年（ハ）第<br>〇号<br>※ハ：通常訴訟事<br>件 | 令和〇年（レ）第<br>〇号<br>※レ：控訴事件 | 令和〇年（ツ）第<br>〇号<br>※ツ：上告事件 |
| | | 地方裁判所 | 高等裁判所 | 最高裁 |
| | 訴額140<br>万円超の<br>もの | 令和〇年（ワ）第<br>〇号<br>※ワ：通常訴訟事<br>件 | 令和〇年（ネ）第<br>〇号<br>※ネ：控訴事件 | 令和〇年（オ）第<br>〇号<br>※オ：上告事件 |
| | | | | 令和〇年（受）第<br>〇号<br>※受：上告受理事<br>件 |

**補佐人講座受講のすすめ**

　租税訴訟補佐人制度をご存知ですか。税理士法2条の2第1項には、「税理士は、租税に関する事項について、裁判所において、補佐人として、弁護士である訴訟代理人とともに出頭し、陳述をすることができる」とあります。この条文は、平成14年4月1日施行の改正税理士法により追加されました。

　この法律施行前には、税理士は、裁判所の許可を得て、民事訴訟法60条に規定する「補佐人」になることでしか裁判に関与することができませんでした。そこで、税理士の税務に関する専門家としての立場を尊重する見地から設けられたのが、この租税訴訟補佐人制度です。

　補佐人税理士になるための資格試験などは設けられておらず、現在、各税理士会では大学等と提携し、特設講座を設けています。特設講座終了者は、各税理士会の「租税訴訟補佐人制度大学院研修修了者リスト」に登録され、各税理士会が納税者等から依頼があった場合に、そのリストの中から、補佐人税理士として紹介を行うという仕組みになっています。

　私が所属している東京税理士会でも、大学と提携し講座を開設しています。提携大学の一つである早稲田大学大学院では、「租税手続・争訟法」、「税務基礎法学」、「租税判例研究」、「税務訴訟実務」が学べます。

　しかし、実際には、租税訴訟を多く扱う弁護士事務所に勤務している税理士や納税者の顧問税理士などが補佐人税理士として訴訟に参加するということが多いと思います。残念ながら、

リストに登録されたからといって、すぐに補佐人税理士として華々しく活躍できるわけではないのが現状です。

　私は、平成19年4月から1年間早稲田大学大学院での特設講座を受講しました。久しぶりの大学生活で、授業の初日はワクワク感とともに、若者に交じって学ぶ気恥ずかしさも若干ありました。私の場合は、法学部出身でないため、大学院での勉強は初めてのことばかりでしたが、基礎から勉強ができてよかったと思います。

　租税判例研究では、過去の有名な判例をひと通り勉強できましたし、訴訟とはどのような手順で行われるのかもわかりました。私は、この大学院時代に、判決と判例の違いを知ったというレベルでした。判例とは単に裁判例の省略くらいにしか思っていなかったので、いかに訴訟や法律について知らなかったということがわかります（ちなみに判例とは、先例となる裁判所の判断のことです）。判決書・裁決書を読むのは、自己流となりがちですが、このような講座で基礎的なことを学ぶのは大変有意義です。授業では、模擬裁判などが行われることもあります。「租税訴訟に関わる気はないから…」という方もいらっしゃるかもしれませんが、必ずしもそのような方だけが対象の講座ではありません。

　実際に、同じ大学院の特設講座を受講していた方々は、租税訴訟に携わる仕事をしていませんでした。皆さん、実務家の税理士として日々仕事を行う中で、もう一度大学等で勉強をし、今後の税理士人生に活かそうという方々ばかりだった気がします。

　私も、この特設講座終了後、税理士としての自分の強みは何か、そして今後どのように税理士として仕事をしていくのかということを考えるようになりました。当時はまだ税理士事務所勤務でしたが、これからは大学院で学んだことを活かし、独立して仕事をしてい

うという思いを強くしました。

　私と同様に、法学部出身でない方々には、特に補佐人講座の受講はお勧めです。また、久しぶりに大学生気分を味わうことができたり、同じように訴訟に興味のある税理士仲間との会話が楽しめたりするのも、この講座を受講する魅力の一つといえます。

# 第 2 章

判決・裁決の探し方

　さあ、実際に判決や裁決を読んでみましょう。まずは、その題材となる判決や裁決を探します。判決や裁決を探す方法はいくつかあります。下記に主なものを一覧にしました。

| | 情報の形態 | 判決・裁決の別 | 税　目 | 名　　称 |
|---|---|---|---|---|
| 無料 | ウェブサイト | 判決 | 国税 | 税務大学校（国税庁）の税務訴訟資料（課税関係判決は平成20年判決分以降を掲載、徴収関係判決は平成21年判決分以降を掲載）<br>＊平成19年以前のものは、書籍やCD-ROMとなっており、図書館などで閲覧することが可能です。 |
| | | | 国税・地方税など | 裁判所の裁判例情報 |
| | | | | 訟務重要判例集データベースシステム（法務省） |
| | | 裁決 | 国税 | 国税不服審判所の公表裁決事例集 |
| | | | 地方税 | 行政不服審査裁決・答申検索データベース（総務省） |
| 有料 | 書籍 | 裁決 | 国税 | 『裁決事例集』（国税不服審判所（平成21年分まで）、一般社団法人大蔵財務協会 |
| | 雑誌 | 判決 | 国税・地方税など | 『判例時報』（株式会社判例時報社）や『判例タイムズ』（株式会社判例タイムズ社）、『月刊　判例地方自治』（株式会社ぎょうせい）など |
| | データベース | | | D1-Law.com第一法規法情報総合データベース 判例体系（第一法規株式会社）<br>TKCローライブラリー「LEX／DBインターネット」（株式会社TKC）<br>Westlaw Japan（ウエストロー・ジャパン株式会社）<br>TAINS（一般社団法人日税連税法データベース） |

　無料で読むことができるものと有料で読めるもの、又はデータベースのように検索して自分が読みたいものを探す方法と雑誌・書籍の情報などその形態は様々です。このように、無料で読めるものも多くなっています。書籍・雑誌を有料としていますが、図書館で借りることもできます。

　無料のもの、有料のもの、またそれぞれのサイトにより特徴があります。

　無料の場合、ウェブサイトに手軽にアクセスし、判決や裁決を読むことができます。しかし、最高裁判決を読んでいて、下級審を読みたいと思った場合には、また一から検索し直さなければいけません。膨大な量の情報から自分の探したいものを見つけるにはちょっとしたコツが必要となります。

　一方で、有料のデータベースは、一度の検索で地裁、高裁、最高裁と読むことができ、大変便利です。判決書に記載されている条文番号をクリックすると、その条文を確認することができる機能があるものもあります。判決の収録のみならず、法律雑誌や法令、文献の情報などの周辺情報を網羅しているという特徴があり、情報量は豊富です。

　しかし、月にどれくらい利用するのか、どのように利用するのかを考えると、最初は無料のウェブサイトを使ってみるのがお勧めです。

　まずは、無料のウェブサイトにアクセスして判決や裁決を探してみましょう。

## 第1節　判決の探し方

　判決を探せる無料のウェブサイトとしては、3つあります。税務大学校（国税庁）の税務訴訟資料と裁判所の裁判例情報、そして訟務重要判例集データベースシステム（法務省）です。それぞれの特徴は次のようになっています。

| サイトの名称 | メリット | デメリット |
|---|---|---|
| 税務大学校（国税庁）の税務訴訟資料 | 税務訴訟を網羅しており、情報量は豊富 | どのような事件か1件ずつPDFを開けてみないとわからない |
| 裁判所の裁判例情報 | 3つのサイト中では一番早く判決が収録される | 収録件数が少ない |
| 訟務重要判例集データベースシステム（法務省） | 重要な判決のみ読むことができ、解説も掲載されている | 収録件数が少ない |

　それぞれ一長一短です。利用目的に応じて、複数のウェブサイトを使い分けるのがいいと思います。では、それぞれのサイトをみていきましょう。

## 1　税務大学校（国税庁）の税務訴訟資料

　税務大学校のウェブサイトに、税務訴訟資料が掲載されています。税務訴訟資料とは、租税関係の行政・民事事件裁判例のうち国税に関するものを収録しています。現在、税務大学校のウェブサイトでは、税務訴訟資料を、課税関係判決（平成20年〜）と徴収関係判決（平成21年〜）に分けて公開しており、直近10年のものならばここで読むことができます。それ以前のものについては、書籍やCD-ROMでの収録となって

おり、国立国会図書館や公益財団法人日本税務研究センターの図書室などで読むことができます。

　税務訴訟資料、つまり、税務に関する訴訟のうち国税に関するものを読むのであればここが一番です。圧倒的な情報量です。そして、ほぼ全ての判決（国税に限る）が収録されています。毎年4〜6月頃に更新され、令和2年4月には、平成30年判決分（税務訴訟資料第268号）が収録されました。なお、1年以上遅れての収録となりますので、税務雑誌などで話題になったものは、残念ながら話題になったその時には読むことはできません。

　しかし、課税や徴収といった全ての国税に関する租税訴訟に対応しているのは、ここしかありません。ここでは判決書の全文を読むことができます。

　利点としては、国側が作成しているため、裁判の顛末を知ることができることです。例えば、ある判決について、地裁では納税者側の主張は認められたが、その後国側が控訴したのか、また、最終的には最高裁に上告受理申立てをしたのか、もしくは高裁で確定していたのかなどの情報を得ることができます。

## (1)　検索方法

　国税庁のウェブサイトの中に税務大学校のサイトがあります。税務大学校のサイトの一番下にある「その他の情報」に「税務訴訟資料」があります。そこをクリックしてみましょう。

### ▌税務訴訟資料

出典：国税庁ホームページ
(https://www.nta.go.jp/about/organization/ntc/soshoshiryo/index.htm)

　税務訴訟資料には、課税関係判決と徴収関係判決があり、それぞれが各年分に分かれています。例えば平成 30 年判決分には、平成 30 年 1 月から 12 月までの判決が掲載されています。

▌課税関係判決（平成 30 年判決分）

## 平成30年判決分（税務訴訟資料第268号「順号13106～13223」）

税務大学校

目次

| 順号 | 裁判所 | 事件名 | 判決年月日 | 判決結果 | 上訴 | 容量 |
|---|---|---|---|---|---|---|
| 13106 | 大阪高等 | 相続税更正処分等取消請求控訴事件 | 平成30年1月12日 | 棄却 | 上告 | PDF (124KB) |
| 13107 | 大阪地方 | 通知処分取消等請求事件 | 平成30年1月15日 | 棄却 | 控訴 | PDF (257KB) |
| 13108 | 千葉地方 | 課税処分取消請求事件 | 平成30年1月16日 | 棄却 | 控訴 | PDF (192KB) |
| 13109 | 東京地方 | 更正処分取消請求事件 | 平成30年1月16日 | 却下・棄却 | 控訴 | PDF (239KB) |
| 13110 | 大阪高等 | 相続税一部不存在確認等請求控訴事件 | 平成30年1月18日 | 棄却 | 確定 | PDF (91KB) |
| 13111 | 東京高等 | 説明義務等確認、謝罪文請求控訴事件 | 平成30年1月18日 | 棄却 | 上告 | PDF (122KB) |
| 13112 | 大阪高等 | 法人税更正処分等取消請求控訴事件 | 平成30年1月19日 | 棄却 | 確定 | PDF (122KB) |
| 13113 | 東京地方 | 青色申告承認取消処分取消請求事件 | 平成30年1月19日 | 棄却 | 控訴 | PDF (390KB) |
| 13114 | 東京地方 | 相続税の更正処分等取消請求事件 | 平成30年1月19日 | 却下・棄却 | 控訴 | PDF (211KB) |
| 13115 | 東京地方 | 所得税更正処分取消請求事件 | 平成30年1月23日 | 一部認容・棄却 | 確定 | PDF (305KB) |
| 13116 | 東京地方 | 相続税更正処分等取消請求事件 | 平成30年1月24日 | 一部却下・認容 | 控訴 | PDF (205KB) |

出典：国税庁ホームページ
(https://www.nta.go.jp/about/organization/ntc/soshoshiryo/kazei/2018/index.htm)

　実際に課税関係判決にアクセスしてみました。まず、目次として、順号、裁判所、事件名、判決年月日、判決結果、上訴が書かれています。この課税関係判決には、取消訴訟のほかに、国家賠償請求訴訟や過誤納金還付請求訴訟も含まれています。

　順号とは、税務訴訟資料に付された番号のことです。

　事件名には、「相続税更正処分等取消請求控訴事件」などとしか書かれていませんので、相続財産の価額の話なのか相続財産に漏れがあったのか、債務控除などについて争われたのかという詳しい内容はわかりません。そのため、順号の数字をクリックして、PDF を開き、1 件 1 件内容を確認する必要があります。例えば、相続税の申告の際に、小規模

宅地の特例で自身が抱える内容に類似した事例を検索したいといった場合には、キーワード等による検索機能がないために、向きません。

しかし、判決の年月日がわかれば読むことができるともいえます。検索機能がないからとあきらめるのはもったいないことです。

判決の年月日を調べる方法は、いくつかあります。例えば、雑誌や書籍などの情報をもとにする方法です。私は、判決が紹介されている雑誌の記事をスクラップし、税目ごとにまとめて保存しています。また、先ほど例に出した小規模宅地の特例の場合、それを取り扱った書籍や雑誌から裁判の判決年月日や税務訴訟資料の順号などを知ることもできます。また、最近では判例記事を検索する目的で、キーワードから判決年月日を調べることができるサイトもありますので、いくつかを併用することで判決年月日は調べることができます。

## ⑵　判決書を読んでみる

順号をクリックすると、判決書の PDF を開くことができます。

まず、判決の本文の前に、税務訴訟資料の順号などが書かれています。続いて、裁判所名、事件番号、事件名が記載されています。事件番号は、税務訴訟資料の場合は明らかにされておらず、○を使用しています。

次に、国側当事者として、取消訴訟の場合には、処分行政庁として更正処分等を行った税務署長が記載され、判決年月日とその判決の結果、上訴関係と続きます。

最後に、高裁や最高裁判決の場合には、下級審の情報が掲載されます。下記の大阪高裁の場合を例にとると、第一審は平成 29 年 3 月 7 日の神戸地裁であることがわかります。第一審の税務訴訟資料の順号も記載されていますので、地裁判決を探す場合も楽です。

ただし、これは、高裁や最高裁の場合だけ下級審の情報が掲載されています。下級審には上級審の情報は記載されません。この場合であれば、第一審である神戸地裁の判決書で控訴となっていても、控訴審の情報（大

阪高裁での判決年月日や順号など）は掲載されていません。また、課税関係判決では、このように下級審の情報が記載されていますが、徴収関係判決の場合、平成 30 年 1 月から 12 月判決分以外は、下級審の判決年月日は記載されていません。そのため、平成 29 年分以前の徴収関係判決では、下級審を探して読むということは難しくなっています。

　税務訴訟資料では、個人情報保護の観点から、当事者はＡ社など、個人は甲、乙…などと表記されています。その他、相続開始日や法人設立日等も●などと表記されていますが、その他は、金額等も記載されていることが多いので、読みづらいということはありません。また、判決書には、先例的な判決（判例）を引用して判断をしている場合が多いですが、税務訴訟資料では、このような引用判決の事件番号を●で表していることが多いです。しかし、判決年月日は記載されていますので、後からこれらの判例を探して読むことは可能です。

　その他として、特に地裁の判決書には別紙や別表が添付されています。税務訴訟資料では、一部省略として PDF に収録されていない場合もありますが、裁判所のウェブサイトと違い、収録されている件数は多く、数字等もきちんと記載された別表となっているので、更正処分された数字を確認しながら、判決を読むことができます。

### ▌判決書の PDF

税務訴訟資料　第２６８号－１（順号１３１０６）

大阪高等裁判所　平成●●年（○○）第●●号　相続税更正処分等取消請求控訴事件
国側当事者・国（芦屋税務署長）
平成３０年１月１２日棄却・上告
（第一審・神戸地方裁判所、平成●●年（○○）第●●号、平成２９年３月７日判決、本資料２６
７号－３９・順号１２９８８）

判　　　　　決
控訴人（１審原告）　　　　甲
控訴人（１審原告）　　　　乙
控訴人（１審原告）　　　　丙
被控訴人（１審被告）　　　国
同代表者法務大臣　　　　　上川　陽子
処分行政庁　　　　　　　　芦屋税務署長

出典：国税庁ホームページ
(https://www.nta.go.jp/about/organization/ntc/soshoshiryo/kazei/2018/
pdf/13106.pdf)

## 2　裁判所の裁判例情報

　税務大学校の税務訴訟資料に比べ、早めに判決を読むことができるのが裁判所のウェブサイトです。最高裁が最も早く、判決などから1週間以内には収録しているでしょう。また、国税だけでなく、地方税の判決、ほ脱などの刑事事件や税理士登録拒否処分の取消しを求めた裁判まで幅広いものが収録されています。相続の実務の際に、税務ではない民法の判決を読みたいというニーズにも対応しているのが裁判所のウェブサイトとなります。

　デメリットとしては、全ての判決が収録されているわけではないことと検索にコツが必要というところです。

　まずは、収録数についてです。税務訴訟資料の課税関係判決の平成30年判決分では、順号13106から13223までが収録されています。最高裁を含めて118件です。一方、裁判所のウェブサイトの行政事件裁判例集において、平成30年分の事件種別が「租税」で収録されているものは12件（地方税、徴収を含みます）となっています。収録されている情報量には、かなりの差があります。

　一方、税務訴訟資料には、検索機能がありませんでしたが、裁判所のウェブサイトの裁判例情報では、「最高裁判所判例集」、「高等裁判所判例集」、「下級裁判所裁判例速報」、「行政事件裁判例集」などのほかに、これらを横断的に検索できる「統合検索」があります。「統合検索」には、キーワードを入力して全文検索する機能があります。例えば「役員給与」と入力してみましょう。そうするといくつか裁判例が表示されます。

　「役員給与」と検索しますと、下記のような検索結果となります。内容を確認してみると、商標権で争ったもの、地位確認などの労働事件も

あります。これは、裁判所のウェブサイトが全文検索をしているからです。ここで表示されたものをみると、決して税法上の「役員給与」で争っているものばかりではないと気づきます。例えば、更正処分の根拠に「役員給与の損金不算入額」という文字が入っているだけでも、この検索結果に表示されてしまうということになります。

　このように、統合検索では、租税訴訟以外の判決も検索されてしまいます。租税訴訟の場合、「行政事件裁判例集」に収録されることが多いですので、ここでは、統合検索ではなく、行政事件裁判例集での検索方法をみていきましょう。

▌統合検索で「役員給与」を検索した結果

出典：裁判所ウェブサイト
(https://www.courts.go.jp/app/hanrei_jp/search1)

## (1)　検索方法

　まず、最初に裁判所のウェブサイトにアクセスし、「裁判例情報」にカーソルを合わせると、左端に「検索条件指定画面」があります。

## ▌トップ画面

出典：裁判所ウェブサイト
（https://www.courts.go.jp/index.html）

　ここをクリックすると、統合検索の画面となります。こちらにキーワードを入れて検索する方法もありますが、ここでは「行政事件裁判例集」を選択します。

## ▌行政事件裁判例集の検索画面

出典：裁判所ウェブサイト
（https://www.courts.go.jp/app/hanrei_jp/search5）

　こちらも、キーワードを入れる全文検索です。例えば、先ほどと同じように「役員給与」と入力し、事件種別の「租税」にチェックを入れ、検索ボタンをクリックすると、租税に関する判決のみが検索結果に表示されます。

▌行政事件裁判例集で「役員給与」を検索

出典：裁判所ウェブサイト
(https://www.courts.go.jp/app/hanrei_jp/search5)

　同様に、キーワードのところで「税理士」と入力し、事件種別の「その他」を選択しますと、税理士の登録拒否処分について争われた事件や懲戒処分について取り扱った判決を読むことができます。

　ただ、一つ注意すべき点は、租税訴訟の場合、この「行政事件裁判例集」の他に「下級裁判所裁判例速報」にも収録されています。こちらの検索方法は、「行政事件裁判例集」と同じようにキーワード検索となります。

事件種別の選択はありませんので、キーワード入力後、検索のボタンを押せば終了です。また、最高裁の判決等の場合は、「行政事件裁判例集」でなく「最高裁判所判例集」に収録されます。

　その他、判決年月日がわかっている場合は、「統合検索」で裁判年月日の期日指定ができますので、そちらで検索することもできます。

　次は、検索結果の画面です。右端のPDFのアイコンが付いた「全文」をクリックすれば、判決書を読むことができます。

　一方で、左端の「行政事件裁判例」のところをクリックすると、その裁判に関する詳しい情報が書かれている画面になります。

▌行政事件裁判例集で「役員給与」を検索した結果

| 行政事件 裁判例集 検索結果 | | ▶検索条件の指定に戻る |
| --- | --- | --- |
| 裁判年月日降順 ∨ | | 11件中1～10件を表示　　次へ ＞ |
| 行政事件裁判例 | 平成28(行ウ)589　　法人税更正処分取消請求事件<br>令和2年3月24日　東京地方裁判所 | 全文 |
| 行政事件裁判例 | 平成29(行ウ)371<br>令和2年1月30日　東京地方裁判所 | 全文 |
| 行政事件裁判例 | 平成29(行ウ)518　　過誤納金返還請求事件<br>平成31年2月5日　東京地方裁判所 | 全文 |
| 行政事件裁判例 | 平成23(行ウ)370　　法人税更正処分取消請求等事件<br>平成26年6月27日　東京地方裁判所　租税 | 全文 |
| 行政事件裁判例 | 平成24(行コ)424　　法人税更正処分取消請求等控訴事件（原審・東京地方裁判所平成23年(行ウ)第652号）<br>平成25年3月14日　東京高等裁判所　租税 | 全文 |
| 行政事件裁判例 | 平成23(行ウ)652　　法人税更正処分取消請求等事件<br>平成24年10月9日　東京地方裁判所　租税 | 全文 |
| 行政事件裁判例 | 平成21(行コ)24　　法人税更正処分取消請求控訴事件（原審・大阪地方裁判所平成18年（行ウ）第42号）<br>平成21年10月16日　大阪高等裁判所　租税 | 全文 |

出典：裁判所ウェブサイト
(https://www.courts.go.jp/app/hanrei_jp/search5)

　下記は、最高裁判所判例集に収録されている租税訴訟を検索した画面です。このように、その裁判の事件番号、事件名から、裁判の種別、結果が書かれています。最高裁判所民事判例集などに収録された場合には、こちらに巻数等が記載されますので、それにより判決の重要度を知ることもできます。なお、原審の情報も掲載されていますが、原審が同じ裁判所のウェブサイト内に収録されていたとしても、連動はされていません。そのため、この原審裁判年月日からもう一度検索し直す必要があります。

## ▌裁判例結果詳細

| 最高裁判所判例集 | ▶検索結果一覧表示画面へ戻る |
|---|---|
| 事件番号 | 平成30(行ヒ)422 |
| 事件名 | 所得税更正処分取消等請求事件 |
| 裁判年月日 | 令和2年3月24日 |
| 法廷名 | 最高裁判所第三小法廷 |
| 裁判種別 | 判決 |
| 結果 | 破棄差戻 |
| 判例集等巻・号・頁 | 集民　第263号63頁 |
| 原審裁判所名 | 東京高等裁判所 |
| 原審事件番号 | 平成29(行コ)283 |
| 原審裁判年月日 | 平成30年7月19日 |
| 判示事項 | 取引相場のない株式の譲渡に係る所得税法５９条１項所定の「その時における価額」につき、配当還元価額によって評価した原審の判断に違法があるとされた事例 |

出典：裁判所ウェブサイト
(https://www.courts.go.jp/app/hanrei_jp/detail2?id=89339)

## ⑵　判決書を読んでみる

では、実際に判決書を読んでみましょう。

主文より上の部分は、税務訴訟資料と比較すると簡素なものとなっています。当事者は、裁判所のウェブサイトに収録された判決書の場合、表示はありません。そのため、いきなり主文となっています。

税務訴訟資料と同様に、個人情報保護の観点から事件に関する会社名や個人名はＡ社やＰなどと記載されています。また、特徴としては、別紙、別表は省略されているということが挙げられます。

それ以外は、文字も大きく、最高裁判決書の場合には重要箇所に下線もあり、比較的読みやすくなっています。

▌判決書の PDF

平成２６年６月２７日判決言渡

平成２３年（行ウ）第３７０号　法人税更正処分取消等請求事件

主　　文

1　原告の請求をいずれも棄却する。

2　訴訟費用は原告の負担とする。

事　実　及　び　理　由

第1　請求

1　麹町税務署長が原告に対し平成２１年１０月２９日付けでした，原告の被合併法人である株式会社Ａ（以下「Ａ」という。）の平成２０年１月２９日から同年４月３０日までの事業年度（以下「平成２０年４月期」という。）の法人税に係る更正をすべき旨の請求（以下「本件更正の請求」という。）に対する更正をすべき理由がない旨の通知処分（以下「本件通知処分」という。）を取り消す。

2　麹町税務署長が原告に対し平成２２年３月３１日付けでした，①Ａの平成２０年４月期の法人税の更正の処分（以下「平成２０年４月期更正処分」という。）のうち所得の金額がマイナス１７億２９９８万２６６５円を超え，翌期

出典：裁判所ウェブサイト
(https://www.courts.go.jp/app/files/hanrei_jp/760/084760_hanrei.pdf)

## ⑶　効率的な使い方

　裁判所のウェブサイトの裁判例情報は、税務大学校の税務訴訟資料に
比べると収録数も少ないですが、効率的な使い方としては、早めに判決
が収録されるという特性を活かすことだと思います。

　租税訴訟の場合は「行政事件裁判例集」に収録される場合が多いので、
その検索画面の「事件種別」のところで「租税」をチェックし、その他
は何も入力せずに検索をすると最近収録された租税訴訟を表示すること
ができます。

　また、速報を利用することも一つの方法です。裁判所のウェブサイト
の裁判例情報には、「最近の最高裁判例」や「最近の下級裁裁判例」が
あります。ここは、最近こういう判決等を収録しましたというお知らせ
のようなものです。最高裁判決・決定の場合（上告棄却や上告不受理は
除きます）は、判決・決定後数日で収録されます。そのため、「○○の
判決が出ました」などと雑誌の記事等で見かけたら、裁判所のウェブサ
イトの「最近の最高裁判例」や「最近の下級裁裁判例」にアクセスする
と、いち早く読むことができます。

　また、裁判所のウェブサイトでは、過去の判決も充実しています。や
はり、判決年月日がわかっているものの検索に向いています。雑誌を読
んでいると判決年月日が掲載されている場合や判決書を読んでいて判例
が引用されている場合があります。そのように判決年月日がわかってい
て、その日付が昭和や平成の早い時期のものであるときなどに利用する
のがお勧めです。その際には、「統合検索」を利用しましょう。裁判年
月日を入力するとその判決を読むことができます。

## 3　訟務重要判例集データベースシステム（法務省）

　法務省のウェブサイトの「政策・審議会等」に「国を当事者とする訴
訟などの統一的・一元的処理」という項目があり、国を相手取って行わ

れた訴訟についての情報が収録されています。

▌トップ画面

出典：法務省ウェブサイト
（https://www.moj.go.jp/）

　国を相手にということで、租税訴訟だけでなく、アスベスト訴訟など
のような国家賠償請求訴訟も含まれています。その中に「訟務重要判例
集データベースシステム」があります。このデータベースは、訟務月報
（法務省訟務局が作成している判例情報誌）に掲載されている裁判例を
検索できるシステムで、租税訴訟も一部収録されています。

　訟務月報は、訟務事務担当職員の執務の参考のために発行されたもの
なので、租税訴訟以外も多く収録されています。このデータベースは、
裁判所のウェブサイトと同様に、裁判所名、判決年月日などがわかれば
検索できますが、租税訴訟の収録件数は少ないです。しかし、このデー
タベースの特徴は、判決の解説がついているということです。解説付き
の判決書というのは、判例タイムズや判例時報にはありますが、無料の
ウェブサイトでは、ここだけとなっています。また、他の無料のウェブ
サイトにはない、条文番号で検索できる機能も魅力となっています。

⑴　検索方法

　では、実際に検索をしてみましょう。下記が判決の検索画面です。裁
判所のウェブサイトと同様にキーワード検索ができます。

　また、条文番号などでの検索も可能となっていますので、重加算税の
事案の判決を読みたいときには、「法令名」に国税通則法と、「条番号」
に 68 と入力し、「検索実行」をクリックすると検索できます。特に租
税訴訟の場合、この機能を使えば、無駄がなくピンポイントで探すこと
ができます。

▌訟務重要判例集データベースシステム

出典：法務省ウェブサイト
(https://www.shoumudatabase.moj.go.jp/search/servlet/com.fujitsu.shun.fsinet.
FSlServ)

　キーワードに「役員給与」と入力して検索すると、下記のような画面
となります。簡単に、どのような事案であるかが記載されているので、
判決書を読む前に、その裁判の情報を得ることができます。また、一番
上の「法人税更正処分等取消控訴、同附帯控訴事件」をクリックすると
判決書が PDF で収録されています。

■キーワードで「役員給与」と検索した結果

```
訟務重要判例集データベースシステム

検索結果（一覧表示）
                                                                    メニュー

キーワード検索『役員給与』
全5件中、1～5件表示　1ページ/1ページ

            検索条件をクリアして再検索    検索条件を残して再検索

    法人税更正処分等取消請求控訴、同附帯控訴事件

    キーワード検索ハイライト

    東京高裁平成29年（行コ）第334号　平成30年04月25日判決

    租税事件　訟務月報第六五巻二号　一三三ページ

1   役員に支給された退職給与の額のうち、法人税法34条2項にいう「不相当に高額な部分の金額」について、いわゆる平均功績倍率法に基づいて算定した原処分が適法
    であるとされた事例

    (参考)
    本件は上告及び上告受理申立て（最高裁第一小法廷　平成30年（行ツ）第280号、同（行ヒ）第314号）がされている。
    第1審　東京地裁　平成27年（行ウ）第730号　平成29年10月13日判決　訟務月報本号151ページ
```

出典：法務省ウェブサイト
（https://www.shoumudatabase.moj.go.jp/search/servlet/com.fujitsu.shun.fsinet.
FSIServ）

## ⑵　判決書を読んでみる

　訟務重要判例集データベースシステムに掲載されている判決書は、訟務月報をそのまま PDF 化したものです。そのため、判決の本文の前に、「判示事項」や「判決要旨」、そして「解説」が収録されています。

　解説は、この裁判の問題の所在がどこにあるのか、学説はどうなっているのか、他の類似裁判例の状況等幅広いものになっています。ここまで、しっかりとした解説付きで判決書を読むことができるのは、無料のウェブサイトではここだけです。まさに、お宝というところでしょう。

　判決書は、他のウェブサイトと同様、法人名や個人名はアルファベット表示等となっています。そして、裁判所のウェブサイトと同様に、別紙や別表は省略されています。

**判決書の PDF**

出典：法務省ウェブサイト
(https://www.shoumudatabase.moj.go.jp/search/html/upfile/geppou/pdfs/
d06502/s06502002.pdf)

---

**POINT**

### 判決のウェブサイトでの探し方

- 税務大学校のウェブサイトにある税務訴訟資料が情報量としては豊富

- 新しいものを検索するには、裁判所のウェブサイトが最適。また、古い判決や税法以外も充実している。

- 訟務重要判例集データベースシステムは収録数が少ないが、精鋭ぞろい。解説付きで理解度はアップ！

- それぞれの特性を活かして使い分けをすることが大切

---

## 第**2**節 ｜ 裁決の探し方

　裁決は、国税は国税不服審判所で、地方税は行政不服審査裁決・答申検索データベースと棲み分けがはっきりしています。それぞれの検索方法についてみていきましょう。

### 1　国税不服審判所の公表裁決事例集

　国税不服審判所では、裁決を一部公表していますが、その他は裁決要旨のみ読むことができます。公表されていない裁決については、有料のデータベースで収録していることもありますが、それらを利用しない場合には、個人で裁決書の開示請求を行うこともできます。

　国税不服審判所のウェブサイトの活用方法としては、公表裁決を読むことと裁決要旨の検索機能を利用することの2点だと思います。

　現在、国税不服審判所は、年に4回（3月、6月、9月、12月）裁決を公表しており、この公表された裁決をひと通り読むだけでも格段に読む力が変わってきます。その理由は、裁決の公表基準にあります。国税不服審判所は、事務運営指針にて裁決結果の公表基準を次のように定めています。

---

【裁決結果の公表基準】

(1)　納税者の適正な申告及び納税のために有用であり、かつ、先例性があるもの

(2)　適正な課税・徴収の実務に資するものであり、かつ、先例性があるもの

---

> ⑶　その他、納税者の正当な権利利益の救済等の観点から国税不服
> 　審判所長が必要と認めたもの
> （注）例えば、次に掲げるものは、上記の基準に該当する。
> 　　○　法令又は通達の解釈が他の事案の処理上参考となるもの
> 　　○　事実認定が他の事案の処理上参考となるもの
> 　　○　類似の事案が多く、争点についての判断が他の事案の処理上参考となる
> 　　　もの
> 　　○　取消事案等で納税者の主張が認められた事案で先例となるもの
> 「裁決結果の公表基準について（事務運営指針）」平成12年9月8日国管管2－
> 2（出典：TAINS、TAINSコード：H120908国管管2－2）

　公表裁決は、納税者に有用で、かつ先例性があるものを国税不服審判
所が選んでいるということがわかります。特に、注書きの最後に書かれ
ている「取消事案等で納税者の主張が認められた事案で先例となる」と
いうところに注目です。実際に国税不服審判所のウェブサイトで公表さ
れている裁決をみると、「一部取消し」や「全部取消し」と書かれてい
るものが多いことに気づきます。

　また、公表裁決事例の特徴は、①税目ごとに分かれている、②裁決事
例要旨があり、裁決のポイントが簡潔にまとめられている、③裁決事例
要旨を読んだ上で、気になるもの、より深く読んでみたいものを選ぶこ
とができることです。また、最近の裁決書は、争点の主張部分が四角で
囲ってあり、原処分庁と請求人の双方の主張を比較して読むこともでき
るため、判決書や裁決書を初めて読む方には最適といえます。

　公表裁決は、その冒頭に《裁決書（抄）》と書かれているとおり、完
全なる裁決書ではありません。当事者は個人情報保護の観点から、公表
されていませんし、別表や別紙についても省略となっているものも多く
あります。

　また、これらは、あくまでも審査請求の結果であるということを忘れ
てはいけません。国税不服審判所で納税者の請求が棄却され、それが先

例的であるとして、公表された事例でも、その後、裁判所の判断により、納税者の主張が認められ、処分が全て取り消されたものも数多く存在します。裁決を読む際には、この点を留意することが必要となります。このような事例は、後から国税不服審判所のウェブサイトの公表裁決事例から削除されていることもあります。

　しかし、国税不服審判所が自ら、納税者に有用なものを選んでウェブサイト上で公表をしているのですから、我々税理士が読まない手はありません。

　また、国税不服審判所のウェブサイトの利用方法の一つとして、裁決要旨の検索機能を利用するという点が挙げられます。裁決は一部公表されていますが、公表されていないものもその判断が税理士の実務上有用なものがあります。ウェブサイトでは、裁決要旨が検索できるようになっておりますので、そちらにアクセスしてみましょう。

### (1)　検索方法
① 　裁決要旨の検索をする

　国税不服審判所のウェブサイトの右側に「公表裁決事例等」として「裁決要旨の検索」という項目があります。ここから「裁決要旨検索システム」へアクセスすることができます。

　裁決要旨検索システムでの検索方法は、2つあります。「争点番号検索」と「キーワード検索」です。

▌裁決要旨検索システム

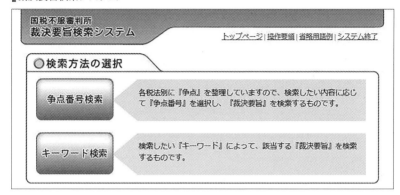

出典：国税不服審判所ホームページ
(https://www.kfs.go.jp/cgi-bin/sysrch/prj/web/index.php)

　「争点番号なんてわからない」という方も多いことと思いますが、そこは大丈夫です。一覧表から選択できるようになっています。争点番号検索の方法は、次のようになります。

〔争点番号検索の方法〕
1　争点番号を選びます。まず、税目（国税通則法・所得税法・法人税法・相続税法等・消費税法等・国税徴収法）から選びます。次にその税目のどの項目について知りたいかを選びます（複数選択可、選択後に「確定」ボタンを押します）。
2　裁決結果を選択します（「結果指定なし」や「全部取消し」、「棄却」などから選べます）。
3　裁決期間を選びます。裁決期間とは、裁決日のことです。最近5年以内に裁決されたものを見たい場合には、特定期間に年月日を入力します。
4　裁決支部を選択します（不明であれば、「全支部」のままで）。
5　最後に「検索開始」をクリックすればOKです。

■争点番号検索

出典：国税不服審判所ホームページ
(https://www.kfs.go.jp/cgi-bin/sysrch/prj/web/pub/editCriteriaBySouten)

　検索が終了すると、裁決要旨一覧表が表示されるので、そこで裁決要旨を読むことができます。裁決要旨の「事例集登載頁」に青字で「裁決事例集№○○」とある場合には、公表された裁決なので、クリックすると裁決事例集で読むことができます。
　もう一つの検索方法である「キーワード検索」もみていきましょう。

---

〔キーワード検索の方法〕
1　税目（国税通則法・所得税法・法人税法・相続税法等・消費税法等・国税徴収法）を選びます。特に、選ばずに全税目でも構いません。
2　キーワードを入力します。複数のキーワードを入力する場合には、スペースで区切ります。
3　裁決結果を選択します。（「結果指定なし」や「全部取消し」「棄却」などから選べます）
4　裁決期間を選びます。裁決期間とは、裁決日のことです。最近5年以内に裁決されたものを見たい場合には、特定期間に年月日を入力します。
5　裁決支部を選択します（不明であれば、「全支部」のままで）。
6　最後に「検索開始」をクリックすれば OK です。

---

**┃キーワード検索**

```
国税不服審判所
裁決要旨検索システム                トップページ | 操作要領 | 省略用語例 | システム終了

■ キーワード検索                              争点番号検索へ

┌─ 1．税目 ──────────────────────────────┐
│ ◉ 全税目                                                    │
│ ○ 特定税目                                                  │
│   ┌──────────────────────────────┐  │
│   │ □国税通則法 □所得税法 □法人税法 □相続税法等 □消費税法等 □国税徴収法 │  │
│   └──────────────────────────────┘  │
│   (注) 1. 「相続税法等」には、相続税法、登録免許税法、有価証券取引税法、地価税法が含まれます。 │
│        2. 「消費税法等」には、消費税法、印紙税法、揮発油税法、石油ガス税法、物品税法、酒税法、自 │
│           動車重量税法が含まれます。                            │
└──────────────────────────────────┘

┌─ 2．キーワード ───────────────────────────┐
│ 入力欄                                                      │
│   ┌──────────────────────────────┐  │
│   │                                              │  │
│   └──────────────────────────────┘  │
│   (注) 1. 複数のキーワードで検索を行う場合は、それぞれのキーワードをスペースで区切って入力して下 │
│           さい。                                             │
│           例：「国税 返還」                                    │
│        2. OR条件で検索を行う場合は、"or"で区切って入力して下さい。       │
│           例：「国税 or 返還」                                 │
└──────────────────────────────────┘

┌─ 3．裁決結果 ───────────────────────────┐
│ ◉ 結果指定なし                                               │
│ ○ 結果指定あり                                               │
│   ┌──────────────────────────────┐  │
│   │ □全部取消し □一部取消し □棄却 □却下 □変更                │  │
│   └──────────────────────────────┘  │
│   (注) 1. 『結果指定あり』を選択した場合は、該当する結果を指定してください。 │
│        2. 裁決結果は、裁決書としての「区分」を表示したものですから、検索した個々の「裁決要旨の内 │
│           容」と一致していない場合もあります。                    │
│           例：裁決書に複数の処分が存在し、うち一つの処分が「全部取消し」であれば、他の処分が「一 │
│           部取消し」や「棄却」であっても、裁決結果には「全部取消し」と区分表示しています。 │
└──────────────────────────────────┘

┌─ 4．裁決期間 ───────────────────────────┐
│ ◉ 全期間                                                    │
│   《対象期間：平成8年7月1日 ～ 令和2年9月30日》                   │
│ ○ 特定期間                                                  │
│   ┌──────────────────────────────┐  │
│   │ 平成∨ 8 年 7 月 1 日裁決 から 令和∨ 2 年 9 月 30 日裁決 まで │  │
│   └──────────────────────────────┘  │
└──────────────────────────────────┘
```

出典：国税不服審判所ホームページ
(https://www.kfs.go.jp/cgi-bin/sysrch/prj/web/pub/editCriteriaByKeyword)

　裁決日がわかっている場合には、キーワード検索の方がお勧めです。その際には、キーワードの入力欄に「、」や「。」を入力し、特定期間に裁決日を入力します。キーワード検索は、キーワードの入力欄に何か言葉を入れないと検索できないのですが、どの裁決でも「、」や「。」は使用しているので、このようにすれば裁決日から検索することが可能です。

②　公表裁決を検索する

　国税不服審判所のウェブサイトには、公表裁決に絞って検索する方法もあります。先ほどの裁決要旨で検索する場合、公表されていない裁決の場合は、全文が読めないという問題があります。有料のデータベースを利用することや裁決書の開示請求をするなどの方法もありますが、情報入手までに時間や費用がかかり、ハードルが高いです。そのため、全文を読むことができる公表裁決を検索する方法もあります。

　国税不服審判所のウェブサイトの右側の「公表裁決事例等」の「公表裁決事例要旨」をクリックします。ここでは、税目ごとに分かれており、さらに、項目ごとに分かれています。

▌公表裁決事例要旨

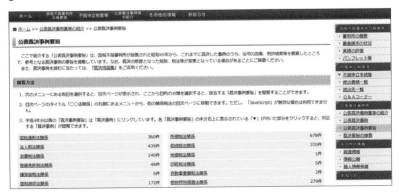

出典：国税不服審判所ホームページ
(https://www.kfs.go.jp/service/MP/index.html)

　まず、税目を選択します。ここでは、例として、法人税法関係をクリックします。そうすると、「総則」から始まり、「所得金額の計算」、「税額の計算」、「申告、納付及び還付等」、「青色申告」…といった項目から具体的な細目を選択する画面に進みます。それぞれどのような内容について争われたものか、また何件あるのかが表示されていますので、自分の知りたいことをピンポイントで探すことができます。キーワード検索のように自分で入力することもないため、使い勝手のいいものになっています。

▌公表裁決事例要旨の法人税法関係

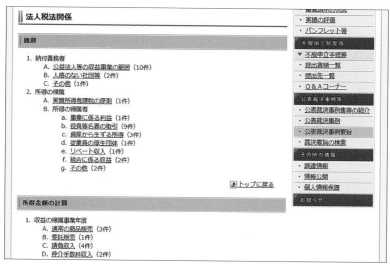

出典：国税不服審判所ホームページ
(https://www.kfs.go.jp/service/MP/03/index.html)

　法人税法関係のうち、冒頭の「総則」から「公益法人等の収益事業の範囲」（10件）をクリックします。10件の裁決要旨を読むことができます。これらのうち平成４年分以降の裁決事例については、公表裁決事例集とリンクしていますので、青字箇所をクリックすると裁決要旨や裁

決書を確認することができます。

## ▌公益法人等の収益事業の範囲

寺院が受け取る墓石業者、弁当業者及び仏壇業者からの謝礼金は周旋業（収益事業）に係る収益とすべきであるとした事例

裁決事例集 No.42 - 63頁

墓石業者等は、それぞれ相当以前から請求人との間で取引を行っており、それぞれの業界における寺院との取引に確立した商慣習に従って本件謝礼金を支払っているものと認められ、しかも請求人が請求人の檀家からの要請があれば墓石業者等へ取り次ぐこととしていることからして、周旋業を営んでいるとするのが相当である。

平成3年7月4日裁決

⬆ トップに戻る

宗教法人の墓跡収入は、法人税法施行令第5条第1項第10号に規定する請負業に係る収入であるとした事例

裁決事例集 No.43 - 175頁

宗教法人である請求人の墓跡収入は、請求人と卸売業者である取引先との間で合意した墓跡の揮ごうに関する請負契約に基づいて得られたものと認められるから、法人税法施行令第5条第1項第10号に規定する請負業に係る収入である。

平成4年2月18日裁決

⬆ トップに戻る

新借地権者の本件土地の使用目的が限定されていなかったこと等から、本件土地の貸付けは「主として住宅の用に供される土地の貸付け」には該当せず、旧借地権者及び新借地権者から収受した本件名義書換料等及び新借地権者から収受した本件地代収入は収益事業に係る収入であるとした事例

▼ 裁決事例集 No.46 - 87頁

「主として住宅の用に供される土地の貸付け」として非収益事業に係る収入であるか否かについては、本件賃貸借契約において、土地の使用が主として住宅の用に供されていたか否か、新借地権者の土地の使用状況等を総合的に判断すべきである。

出典：国税不服審判所ホームページ
（https://www.kfs.go.jp/service/MP/03/0101010000.html）

## ⑵　裁決書を読んでみる

　国税不服審判所の公表裁決は、税務訴訟資料や裁判所の裁判例情報と違い、PDF ではありません。

　そのため、画面でそのまま読む、又は裁決書を自分で PDF に保存をするか、印刷をすることになります。

　裁決書は、「1　事実」、「2　争点」、「3　争点についての主張」、「4　当審判所の判断」という構造となっています。最近の裁決は、「3　争点についての主張」の部分が、請求人と原処分庁を四角で囲っており、読みやすくなっています。一方で、個人情報等の関係で、○が多く使用されています。また、別紙や別表が省略されていることが多いのも残念

なところです。「別表3のとおりとなり…」と書いてあっても、別表3が省略されていて読めないというもどかしさはあります。

▌裁決書の画面

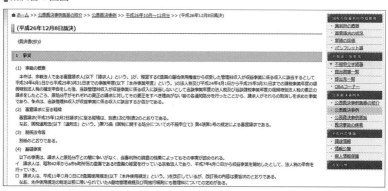

出典：国税不服審判所ホームページ
(https://www.kfs.go.jp/service/JP/97/09/index.html)

## 2　行政不服審査裁決・答申検索データベース（総務省）

　　このデータベースは、総務省のウェブサイトにあります。トップページの「組織案内」から「審議会・委員会・会議等」を選び、進んだ先のページの「審議会・委員会等」から「行政不服審査会」へ進みます。「行政不服審査会」のページの左側に 「答申一覧」があり、そこから進んだページに「行政不服審査裁決・答申検索データベース」が紹介されています。

　　このデータベースは、行政不服審査法等に基づいて行われた不服申立てについて、審査庁が行った裁決などを検索することができるものです。税務に関するものとしては、法人事業税や固定資産税、不動産取得税などの地方税の審査請求に対する裁決内容を知ることができ、一部の裁決書は PDF 形式で収録されています。

## ▌行政不服審査会の答申一覧

出典：総務省ホームページ
(https://www.soumu.go.jp/main_sosiki/singi/fufukushinsa/toushin.html)

## (1)　検索方法

　では、具体的な検索方法をみていきましょう。データベースのトップページで、「裁決検索」をクリックします。

## ▌行政不服審査裁決・答申検索データベース

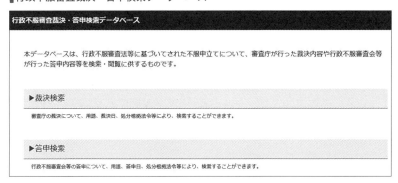

出典：総務省ホームページ
(http://fufukudb.search.soumu.go.jp/koukai/Main)

　フリーワード検索となっていますので、地方税法のキーワードである「固定資産税」、「法人事業税」などを入力します。不服申立ての種類や不服申立日、裁決日などが選べますが、国税不服審判所の検索と違い、「裁決結果」を選択することができません。

▌裁決情報検索

出典：総務省ホームページ
(http://fufukudb.search.soumu.go.jp/koukai/Main)

　フリーワードを入力して検索すると、下記のとおり検索結果が表示されます。それぞれの事例にカーソルを合わせると、その箇所が黄色く変化します。そのままクリックすると、「裁決情報詳細」をみることができます。

▌裁決情報検索の検索結果

| No. | 審査庁名（法人番号）／行政不服審査会等の名称（法人番号） | 不服申立ての種類 | 裁決 | 不服申立日 | 諮問日／答申日 | 裁決日 |
|---|---|---|---|---|---|---|
| 1 | 大阪府大阪市（6000020271004）／大阪府大阪市（6000020271004） | 審査請求 | 棄却 | 2018/12/03 | 2020/08/24／2020/10/29 | 2020/11/09 |
| 2 | 大阪府大阪市（6000020271004）／大阪府大阪市（6000020271004） | 審査請求 | 棄却 | 2019/11/05 | 2020/07/07／2020/10/01 | 2020/11/09 |
| 3 | 大阪府豊中市（6000020272035）／大阪府豊中市（6000020272035） | 審査請求 | その他 | 2019/07/22 | 2020/01/10／2020/08/13 | 2020/09/18 |
| 4 | 群馬県沼田市（7000020102067）／群馬県沼田市（7000020102067） | 審査請求 | 棄却 | 2020/02/17 | 2020/09/03／2020/11/06 | 2020/11/26 |
| 5 | 京都府京都市（2000020261009） | 審査請求 | 棄却 | 2020/04/09 | | 2020/12/02 |

検索結果　186件検索されました。現在1/19ページ目を表示しています。

出典：総務省ホームページ
(http://fufukudb.search.soumu.go.jp/koukai/Main)

　「裁決情報詳細」の画面の「裁決情報」の欄で裁決書を確認することができます。こちらは比較的収録件数が多いことが特徴です。

　ただ、検索後に、一つ一つクリックし、「裁決情報詳細」の画面を開けてみないとどのような事案かがわからないという不便さはあります。しかし、地方税の事案を普段目にする機会はあまりないため、収録件数が多いこのサイトは参考になります。

▌裁決情報詳細

裁決情報詳細

| 不服審査情報 | |
|---|---|
| 不服申立ての種類 | 審査請求 |
| 不服申立日 | 2018/04/24 |
| 諮問日 | 2019/12/17 |
| 審査庁名（法人番号） | 総務課（8000020162060） |
| 行政不服審査会等の名称（法人番号） | 富山県滑川市（8000020162060） |
| 処分根拠法令 | 地方税法 |

| 答申情報 | |
|---|---|
| 答申日 | 2020/03/26 |

| 裁決情報 | 答申情報表示 |
|---|---|
| 裁決日 | 2020/04/23 |
| 裁決内容 | 1　審査請求1関係<br>　本件審査請求に係る処分（存続期間を「永代」とする地上権が設定されている土地に係る固定資産税について、審査請求人である土地所有者に賦課処分）は不当であるが、棄却する。<br><br>2　審査請求2関係<br>　本件審査請求に係る処分（土地に係る固定資産税について、登記地目の「田」を現況地目の「宅地」に変更して賦課処分）は、現況地目を「雑種地」に変更する。<br><br>3　審査請求3関係<br>　本件審査請求に係る処分（家屋に係る固定資産税賦課処分）は、家屋物件番号○○は取り消し、家屋物件番号○○及び○○は所在地を「○○○」に変更する。<br><br>□ R2.4.23 裁決書（公開用）.pdf (4.66MB) |
| 裁決 | その他 |

閉じる

出典：総務省ホームページ
（http://fufukudb.search.soumu.go.jp/koukai/Main）

## ⑵　裁決書を読んでみる

　このサイトに収録されている裁決書は様々です。PDF の添付がなく、画面上のみに裁決書が掲載されているものもありますし、特に「却下」となっているものは、数行しか掲載されていないものもあります。

　下記は、法人事業税の裁決書です。ここでも審査請求人の氏名や法人名などは、○で表記されています。この事案の場合、「主文」、「第1　事案の概要」、「第2　審理関係人の主張の要旨」、「第3　理由」となり、構造的に今までみてきた判決書、裁決書と変わりはありません。

**裁決書の PDF**

出典：総務省ホームページ
(http://fufukudb.search.soumu.go.jp/koukai/Main)

---

POINT

**裁決のウェブサイトでの探し方**

● 裁決は、国税と地方税できっちりサイトが分かれている。

● 国税不服審判所の公表裁決は、先例的であるために、ぜひ目を通すべきである。

● あくまで、裁決は裁決。その後、裁判で結果が変わっていることもあるので、その後、訴訟になっているのか、結果が変わっていないのかどうかの確認は必須

## データベースの活用法

　今回は、無料のウェブサイトをご紹介しましたが、有料のデータベースもあります。私は、無料のウェブサイトの他に、有料のデータベースを2社利用しています。ここでは、有料のデータベースの魅力と私自身のデータベース活用法をご紹介します。

　有料のデータベースは各社それぞれ特徴があります。収録されている情報に関しては、租税に関するものだけでなく、商事判例や民法等幅広く収録されているものや、租税に特化し国税不服審判所の非公開裁決を充実させているものもあります。いくつかの有料のデータベースでは、判決書のみならず、その判決についての判例タイムズなどの雑誌に掲載された過去の記事も読めるようになっています。

　検索について、無料のウェブサイトでは、地裁の判決を読み終わってから、改めて高裁の判決を検索し直す必要がありますが、有料のデータベースでは、地裁の判決を検索するとその審級関係等について改めて検索し直す必要がなく読むことができるので、検索が一度で済みます。また、判決書を読みながら、その判決書で引用されていた判例を読むことができる機能を備えたデータベースもあります。

　あんな機能も…こんな機能も…。無料のウェブサイトでは味わえない、そんな便利さが有料のデータベースにはあります。無料のウェブサイトの利用に慣れましたら、ぜひ、有料のデータベースにステップアップしていただければと思います。

　さて、ここからは、私のデータベースの活用法をご紹介します。

　私の場合は、税理士登録後すぐに1社の有料のデータベースに入会しました。その理由は、知り合いの税理士で、そのデータベースを利用している方が多かったからです。よくありますよね。他の税理士さんと話をしていて「え、○○使っていないの」といわれること。私もまた、そのような経緯で使用を始めることとなりました。

　最初は、手探りの状態でした。雑誌などで話題となった判決書を印刷して、週末に読んでいました。その当時は判決書の冒頭から読み進め、関係者間の取引などは図を書いていましたが、肝心の裁判所の判断にたどり着く前に途中で放り投げてしまうことも数多くあったと覚えています。やはり、自分のスタイルを見つけるまでが大変です。ある時、別に1頁目から順に一字一句読まなくてもいいんじゃないかと肩の力を抜くようになって、やっと最後まで読み進めることができるようになりました。

　現在、データベースについては、税理士として実務上活用するほかに、他の方々に役立つ判決等を紹介する際にも活用しています。

　前者の活用法としては、例えば、申告にあたって判断に迷う場合や、顧問先の社長から相談を受けた場合に、類似の案件について調べる方法です。これについては、「キーワード検索」が有効です。税法用語をそのまま入力して、検索のボタンをクリックするだけです。この方法は、無料のウェブサイトでも使用できるものです。その他としては、一部の有料のデータベースで収録されている各国税局が作成した申告時のチェックポイントなどの資料をダウンロードして、申告書のチェックとして利用しています。

　後者の活用法は、単純です。何か役立つ判決や裁決はないかしら…と無料のウェブサイトから有料のデータベースまでの新規収録分をひたすら追いかけるというものです。まさに、暇と熱意だけで行

うものです。

　私が、皆さんにぜひお願いしたいのは、顧問先から相談を受けた時などに、ネットや書籍などで調べるだけでなく、データベースを活用して、関連する判決や裁決も調べてみるという選択肢を増やしていただきたいということです。

　この場合にも、顧問先から相談を受けてから調べるというのでは受け身です。相談があるまでは利用しない、検索しないということになります。しかし、税理士の仕事においては、毎月の顧問先への訪問時にも、様々な問題が発生していることがよくあります。例えば、月次監査の際に、顧問先が商品券を購入していたとします。常に判決や裁決を読んでいる環境であれば、「以前、商品券の税務処理について争われた判決を読んだよな」と思い出せます。そうすると、その場で、個々の配布先、配布金額等を明確にするような書類を作成しているかどうかの確認もでき、作成していない場合には作成を依頼できます。もし顧問先から、「どうして、作成をしなければならないの」と聞かれた際には、判決や裁決で示されていた制度趣旨や立証責任などを伝えることで、説得力が増します。

　そのためには、何か相談事があったときに検索するだけでなく、日頃から判決や裁決に触れておくことも必要だと思っています。国税不服審判所のウェブサイトに裁決が公表される時期には、アクセスして公表裁決を読む。裁判所のウェブサイトの最近の最高裁判例・下級裁裁判例を一読する。こういったことを定期的に行うだけでも、判決や裁決を読む力がアップし、これらの蓄積が税理士業務の手助けになると思っています。

# 第3章

実務に活かすための
着眼点

## 第1節　当事者の立場に立って読んでみる

　租税訴訟や国税不服審判所への審査請求はどうして行われるのでしょうか。それは、そこに納税者と所轄税務署などとの争いがあり、その争いの解決手段が訴訟や審査請求となるからです。そのため、これら判決書等から当事者の感情を読み取ることもできます。それは時に、納税者の、また裁判官の思いでもあります。

　判決や裁決の裏側には、それに関わった人々の思いが詰まっている。それを感じ取る。そんな判決の読み方もあります。当事者の立場に立って読んでみる。ここでは、そのような読み方をご紹介します。

### 事案1　デンソー事件

> 更正処分を受けながらも決して税務処理を変更せず、
> 課税庁と闘い続けた会社と訴訟を担当した裁判官の思い

　税務調査で課税庁から更正処分を受けた場合、その後の事業年度においては、課税庁から指摘されたとおりの税務処理を行い申告するのか、それとも自分たちが正しいと信ずる従来どおりの税務申告を行うのか…これは難しい選択です。従来どおりの税務申告をするのであれば、必ずまた、課税庁より更正処分を受けるでしょう。特に、上場企業の場合では、新聞等で大きく報道されますし、株主総会で役員らが責任を追及される恐れもあります。しかし、この会社は税務処理を変更せず、2度にわたり更正処分を受けました。そして同じ内容、違う事業年度による2つの租税訴訟が始まったのでした。

　デンソー事件で注目すべき点は、課税庁と闘い続けた会社のほかに、裁判官の思いもあります。同じ内容、違う事業年度による更正処分の取消しを求めた2つの訴訟は、それぞれ名古屋地裁と名古屋高裁で審理されました。当初の裁判で、名古屋地裁は、納税者の主張を認める判断をしていますが、その控訴審である名古屋高裁では、逆転、国側の主張が認められています。その審理の場が最高裁へと移る中で、2つ目の訴訟を担当した名古屋地裁はどのような判断をしたのでしょうか。

## 1　紹介する判決

① 平成26年9月4日名古屋地裁
　裁判結果：一部認容、一部却下／事件番号：平成23年（行ウ）第116号／出典：税務訴訟資料264号順号12524
② 平成28年2月10日名古屋高裁
　裁判結果：原判決一部取消、棄却／事件番号：平成26年（行コ）第91号／出典：税務訴訟資料266号順号12798
③ 平成29年7月25日最高裁
　裁判結果：上告棄却・確定／事件番号：平成28年（行ツ）第204号／出典：税務訴訟資料267号順号13037
④ 平成29年10月24日最高裁
　裁判結果：破棄自判、棄却・確定／事件番号：平成28年（行ヒ）第224号／出典：民集71巻8号1522頁、税務訴訟資料267号順号13082
⑤ 平成29年1月26日名古屋地裁
　裁判結果：一部認容、一部却下／事件番号：平成26年（行ウ）第56号／出典：税務訴訟資料267号順号12969
⑥ 平成29年10月18日名古屋高裁
　裁判結果：棄却・確定／事件番号：平成29年（行コ）第19号／出典：

税務訴訟資料 267 号順号 13077

　いずれも税務大学校のウェブサイト（税務訴訟資料／課税関係判決）で検索可能です。

　①及び③を除く4件は裁判所のウェブサイト（下級裁判所裁判例速報、行政事件裁判例集及び最高裁判所判例集）で検索できます。

## 2　裁判の整理

　デンソー事件は、争っている事業年度により2つの裁判に分かれます。ただし、争点となっていることは同じです。

| 第一次デンソー事件 | 第二次デンソー事件 |
|---|---|
| 事業年度：平成 20 年3月期から同 21 年3月期 | 事業年度：平成 22 年3月期から同 23 年3月期 |
| (1)　平成 26 年9月4日名古屋地裁（納税者勝訴） | (3)　平成 29 年1月26日名古屋地裁（納税者勝訴） |
| (2)　平成 28 年2月10日名古屋高裁（国側勝訴） | (5)　平成 29 年10月18日名古屋高裁（納税者勝訴） |
| (4)　平成 29 年7月25日最高裁（上告棄却） | ＊納税者勝訴で確定 |
| (6)　平成 29 年10月24日最高裁（納税者勝訴） | |
| ＊最高裁で処分取消しの判断が出たことにより納税者勝訴で確定 | |

## 3　判決の概要

　自動車関連製品の製造・販売等を目的とするＤ社が、処分行政庁から、租税特別措置法（以下「措置法」といいます）66条の6第1項（外国子会社合算税制、ただし平成21年改正前）の適用により、Ｄ社がシンガポール共和国に設立した子会社Ｂ社の課税対象留保金額に相当する金額をＤ社の事業年度の所得金額の計算上益金の額に算入する旨の法人税の更正処分及び法人税に係る過少申告加算税賦課決定処分を受けた事案です。

　Ｂ社は、Ｄ社の100％子会社であり、ASEAN地域に存する子会社13社及び関連会社3社の株式を保有していました。Ｂ社の従業員の大半は、地域統括業務という地域企画、調達、材料評価、人事、情報システム及び経理の各機能に係る業務に従事し、株式保有業務に従事している者は、1人もいませんでした。しかし、保有している子会社等の株式の資産計上額の割合は資産総額に占める保有株式の額の割合が2007事業年度で約60.1％、2008事業年度で約53.1％と大きなものでした。また、地域統括業務のうちの物流改善業務に関する売上額は、収入金額の約85％を占めていました。当該業務については、原価率が高いことから、Ｂ社の所得金額（税引前当期利益）の総額に占める当該業務に係る売上総利益の割合は、約5％前後でしたが、保有株式の受取配当が占める割合は約85％を上回っていました。

## 4　判決書を読む前に

　判決書を読む前に、本件を理解するにあたっては、まず外国子会社合算税制について確認しなければなりません。なぜ外国子会社の所得を日本の親会社であるＤ社の所得の計算の際に益金の額に算入しなければいけないのか、また、上記3の概要にでてきた「株式保有業」や「地域

統括業務」といったことがどう影響するのかの整理ができなければ、この事案の判決書を読んでもよくわからないということになります。

　ある税制について、どういう経緯で導入されたのか、更正処分がなされた時点の条文ではどのように規定されていたのかについては、全て判決書より確認することができます。

## (1)　外国子会社合算税制はなぜ生まれたのか

　外国子会社合算税制は昭和53年に導入されたものですが、その導入の経緯がよく表れているものに、平成16年2月10日松山地裁の判決（平成14年（行ウ）第4号／民集61巻6号2515頁）があります。ここでは、措置法66条の6について、下記のように述べられています。

　「我が国経済の国際化の進展に伴い、内国法人が、法人の所得等に対する税負担が全くないか、又は極端に低い国又は地域（いわゆるタックスヘイヴン）に子会社を設立して経済活動を行ないながら、本来内国法人に帰属すべき所得をその子会社に留保することによって、税負担の不当な回避ないし軽減を図る事態が生じるようになった。これに対し、課税庁は、実質所得者課税の原則を定めた法人税法11条を適用し、子会社の損益が内国法人に帰属するものとして課税するなどの方法により対処していたが、同条の適用に当たっての所得の実質的な帰属の判断基準が明確でないため、課税執行面における安定性の点で問題があり、同条の適用による対処には一定の制約ないし限界があった。そこで、課税執行面の安定性を確保しながら、外国法人を利用することによる税負担の不当な回避又は軽減を防止して税負担の実質的公平を図るため、昭和53年に子会社に係る所得課税特例制度（いわゆるタックスヘイブン対策税制）が導入され、本店又は主たる事務所の所在する国又は地域におけるその所得に対して課される税の負担が我が国における法人の所得に対して課される税の負担に比して著しく低いなどの所定の要件を満たす外国法人（特定外国子会社等）が、未処分所得の金額から留保したものとし

て、未処分所得に必要な調整を加えて算出される適用対象留保金額を有する場合に、そのうち一定の金額（課税対象留保金額）を内国法人の所得の金額の計算上、益金の額に算入することとされた（措置法66条の6第1項）。」

　税率の低い国や地域に子会社を設立することにより租税回避を図る事例が見受けられるようになったために、当初は法人税の実質所得者課税（法法11）により対応していましたが、判断基準を明確にするために、外国子会社合算税制を導入することになったという経緯がわかります。

　つまり、外国子会社合算税制のポイントは、「税率の低い国や地域に子会社を設立すること」というところにあります。このような国や地域に子会社を設立する目的は租税回避のためではないのか、それとも、あくまでも事業上の必要性からこのような国や地域に子会社を設立したのかという判断をどこで行うのかというところだと思います。

　そこで、この更正処分が行われていた時の外国子会社合算税制について、判決書中の「第2　事案の概要」の「2　法令等の定め」で確認する必要が生じます。

### (2)　外国子会社合算税制の規定はどうなっていたのか

　第一次デンソー事件の地裁判決書中の「第2　事案の概要」の「2　法令等の定め」では、当時の外国子会社合算税制について、適用除外要件があったことがわかります（(2)の「イ　適用除外」）。適用除外要件を満たせば、例えこれらの国や地域に子会社を設立したとしても、子会社の適用対象留保金額は益金の額に算入されません。

　この当時の適用除外要件は、①これら特定外国子会社等の主たる事業が、株式の保有などでないもの（事業基準）、②本店等において、主たる事業を行うのに必要な事務所等を有していること（実体基準）、③特定外国子会社等の本店所在地で、その事業の管理・支配・運営を自ら行っていること（管理支配基準）、④特定外国子会社等の主たる事業が卸売

業などの場合には、これら事業を主に関連者以外と行っていること（非関連者基準）、⑤特定外国子会社等の主たる事業が④以外の事業の場合、その事業を主に本店や主たる事務所の所在する国や地域で行っていること（所在地国基準）です。

　この裁判でも、この適用除外要件に該当するのかが争点となっています。

### ⑶　外国子会社合算税制の規定の改正について

　第一次デンソー事件の地裁判決書中の「第2　事案の概要」の「2　法令等の定め」では、⑵の「イ　適用除外」の下に「ウ　平成22年法律第6号によるタックスヘイブン対策税制の改正」という項目があります。

　外国子会社合算税制は、いくつかの改正を経ています。平成22年度税制改正では、この外国子会社合算税制について、大きな改正がありました。このD社の事案のように、地域ごとの海外拠点を統合する統括会社を活用した経営形態が多く見られるようになった現状を考慮し、従前は、外国子会社合算税制の適用除外の対象外となっていた株式等保有業を行っている特定外国子会社等のうち、他の外国法人の事業活動の総合的な管理及び調整を通じてその収益性の向上に資する統括業務を行う事業持株会社の場合には、株式等の保有を主たる事業とする特定外国子会社等から除外することとされました（措法66の6③）。

　実はここも本事案を読む上でのポイントとなっています。この改正があったことが、D社が、なぜ平成23年3月期の更正処分を最後に、その後の事業年度には更正処分を受けなかったのかということの答えでもあります。つまり、外国子会社合算税制の考え方そのものが、時代の変化とともに変わってきているということになります。

　本来の制度趣旨は、税率の低い国や地域に子会社を設立することによる租税回避を防止することでした。そのため、子会社をこれらの国や地

域に設立しなくても国内で十分できるであろう株式保有業などの事業基準を設けていました。しかし、その後国際化が急速に進むことにより、平成22年度税制改正により上記のように改められました。財務省が公表した「平成22年度　税制改正の解説」では、「最近のわが国企業のグローバル経営の形態をみると、世界における地域経済圏の形成を背景に、地域ごとの海外拠点を統合する統括会社を活用した経営形態に変化してきています。…（中略）…そうした統括会社は、租税回避目的で設立されたものとして捉えるのではなく、その地において事業活動を行うことに十分な経済合理性があるものと評価することが適当である」と改正の趣旨を説明しています（財務省「平成22年度　税制改正の解説」494頁）。

　このデンソー事件は、企業の国際化の動きにやっと税制が追いつき、改正を行おうとする前に行われた更正処分ともいえます。

### ⑷　課税庁は、なぜ更正処分をしたのか

　国側の主張は、判決書中の「被告の主張」から読み取ることができます。第一次デンソー事件の地裁判決書を読むと、争点としては、①海外子会社のB社の主たる事業が株式の保有であるか、②B社の主たる事業が卸売業に該当するかの2点ということがわかります。

①　B社の主たる事業が株式の保有であるか

・　事業基準において、特定外国子会社等の主たる事業が株式の保有であるか否かを判断する場合には、その所在地国における株式保有に係る事業活動に要する使用人の数や固定施設等の状況という事業実体に係る人的・物的な規模を示す判断要素よりも、株式保有に係る事業活動の結果得られた収入金額や所得金額という金額的な規模を示す判断要素を重視して、総合的に勘案すべきである。
・　B社の所得（税引前当期利益）のうち株式の保有に係る利益（所得

金額）の割合は、2007事業年度においては92.32％、2008事業年度においては86.50％であって、Ｂ社が子会社の株式を保有することに起因する同子会社からの配当がＢ社の所得金額の大部分を占めている。また、Ｂ社の資産総額に占める保有株式の額の割合も、過半を占めている。

・　原告がＢ社における地域統括に係る機能であると主張する機能（地域企画機能、調達機能、材料評価機能、人事機能、情報システム機能、経理機能等）は、持株会社が本来的に有する機能（グループ全体の将来像を描く機能、モニタリング機能、人事機能、リスク管理機能等）に含まれるものであって、株式保有業における業務の１つにすぎない。したがって、本件における使用人の従事状況及び固定施設の状況を踏まえても、なお持株会社（株式保有業）としての要素が大半を占めるというべきである。

・　平成22年改正措置法66条の6第3項は、主たる事業が「株式等の保有」である統括会社で、被統括会社に対する統括業務を行うものについては、事業基準により適用除外規定の適用対象とならない特定外国子会社等から除く旨規定しているところ、これは、当該統括会社の主たる事業が「株式等の保有」であることを念頭に規定されたものである。したがって、統括業務を行っていることをもって、主たる事業が株式保有業でないと判断することはできない。

・　原告は、Ｂ社をシンガポールに所在させ、自己が保有していたASEAN域内の原告グループ会社の株式をＢ社に移転し保有させることにより、我が国において原告の受取配当及びこれに対する預金利息に係る所得に課されるべき租税を免れ、さらにシンガポールの優遇税制によって、Ｂ社自体の受取配当や預金利息に対する租税をも免れることが可能となっている。

・　以上の諸事情を総合的に勘案すると、Ｂ社は、株式の保有を主たる事業とするものであり、事業基準を満たさない。

②　Ｂ社の主たる事業が卸売業に該当するか

・　仮に、Ｂ社の主たる事業が「株式の保有」には該当せず、事業基準を満たすとしても、Ｂ社の主たる事業は、少なくとも、措置法66条の6第4項1号所定の「卸売業」に該当する。なぜなら、Ｂ社の物流改善機能に係る業務は、所得金額が株式保有に係る業務に次ぐ金額であり、かつ収入金額という点においてもその大半を占め、使用人や固定施設も必要としているからである。

国側の主張をまとめると、次のようになります。

【国の主張】
①　特定外国子会社等の主たる事業の判断基準は、収入金額や所得金額という金額的な規模を重視して、総合的に勘案すべき
②　Ｂ社の株式の保有に係る利益は、所得金額の大部分を占めている
③　地域統括に係る機能は、株式保有業における業務の一つ
④　平成22年改正を考慮しても、統括業務を行っていることをもって、主たる事業が株式保有業でないと判断することはできない
⑤　我が国において原告が受け取るべき所得に課されるべき租税を免れている
⑥　Ｂ社の主たる事業は、株式保有業に該当しないとしても卸売業に該当する

## 5　判決書を読んでみる

　外国子会社合算税制の概要と時代背景、国側の主張を確認しましたので、実際の判決書を読んでいきましょう。今回の事案のように、複数の判決がある場合には、時系列に読んでいく（判決が出された日付順に読

んでいく）方法と事件ごとに読んでいく（第一次デンソー事件後、第二次デンソー事件を読む）方法がありますが、より当事者の立場にたってみるという意味では、前者の時系列に読む方法をお勧めします。

## ⑴　平成 26 年９月４日名古屋地裁

　まずは、第一次デンソー事件の地裁判決です。

### ＜法令解釈部分の判断＞

　「主たる事業」については、特定外国子会社等の当該事業年度における事業活動の具体的かつ客観的な内容から判定するほかないのであって、特定外国子会社等が複数の事業を営んでいるときは、そのいずれが主たる事業であるかに関しては、当該外国子会社等におけるそれぞれの事業活動によって得られた収入金額又は所得金額、それぞれの事業活動に要する使用人の数、事務所、店舗、工場その他の固定施設の状況等の具体的かつ客観的な事業活動の内容を総合的に勘案して判定するのが相当である。

### ＜事実認定を法令解釈に当てはめる＞

　認定した事実によると、①Ｂ社各事業年度当時、Ｂ社は、シンガポールに現地事務所を構え、現地に在住する日本人の代表取締役と現地勤務の従業員 34、５人の態勢で職務に当たっていたところ、これら従業員の大半（28 人以上）は、地域統括業務に従事し、その余（11 人ないし 12 人）は、プログラム設計業務等に従事していたものであって、株式保有業務（持株機能に係る業務）に従事している者は１人もいなかったこと、②Ｂ社は、シンガポールの事務所を賃借し、事務用什器備品、車両、コンピューター等の有形固定資産を保有してその業務に供していたところ、これら固定施設は、全て株式保有業務（持株機能に係る業務）以外の業務に使用されており、なかでも、地域統括に関わる業務に供さ

れているものが大半を占めていたこと、③Ｂ社の地域統括業務の中の物流改善業務に関する売上額は、2007事業年度において約49億星ドル、2008事業年度において約61億星ドル（Ｂ社の収入金額の約85％）に上っていたこと、④原告は、ASEAN域内での集中生産・相互補完体制の円滑化を図り、豪亜地域における各拠点間の事業活動を調整・サポートする目的で、平成7年、シンガポールに地域統括センターとしてＣ社を設立し、その後、被統括会社に対する統率力を高めるために、平成10年に、Ｃ社を含むASEAN地域の原告グループ会社の保有株式を現物出資してＢ社を設立したものであり、Ｂ社の設立目的は、そもそも地域統括業務を行うことであったこと、⑤Ｂ社は、その設立以来、豪亜地域における地域統括会社として、集中生産・相互補完体制を強化し、各拠点の事業運営の効率化やコスト低減を図るために順次業務を拡大してきたものであり、Ｂ社各事業年度には、地域統括に係る業務内容は、地域企画、調達、財務、材料技術、人事、情報システム、物流改善といった多方面にわたるものとなっていたこと、⑥Ｂ社は、現に、アジア地域社長会や機能別会議の開催、新AICOの認可取得活動、FTA・関税の調査、材料・資材の調達交渉や廉価調達先の発掘など多岐にわたる地域統括業務を行っていたこと、⑦これらＢ社の地域統括業務によって集中生産・相互補完体制の構築・維持・発展が図られた結果、上記グループ会社全体に原価率の大幅な低減による利益がもたらされ、これがＢ社の被統括会社からの配当収入の中に相当程度反映されることとなったこと等を指摘することができる。

## ＜結論＞

　Ｂ社の主たる事業は、株式保有業ではなく、地域統括事業（地域企画、調達、財務、材料技術、人事、情報システム、物流改善等に係る地域統括業務を行うこと）であったことは明らかというべきである。以上によると、Ｂ社各事業年度において、Ｂ社の主たる事業は、地域統括事業で

あったというべきであり、Ｂ社が株式の保有を主たる事業としていたということはできないから、事業基準を満たすことになる。

　このように、名古屋地裁は、Ｂ社の事業活動の具体的な内容から、主たる事業を地域統括事業であるとして、課税庁が行った法人税の各更正処分等を取り消すとの判断をしました。

　名古屋地裁の判決書を読むと、被告である国の主張について、一つ一つ丁寧になぜその主張を採用しないのか説明しています。特に平成22年度改正のところでは、改正の際の立法資料を引用し、「平成22年改正後の租税特別措置法は、『統括業務』を事業として行う企業の存在を前提としているものといわなければならない」としています。

　この判断は、企業の国際化と税制の関係をきちんと理解した上で出されたものだと思います。しかし、この判断について、国及びＤ社双方が控訴し、裁判の場は次の名古屋高裁に移りました。

## ⑵　平成28年2月10日名古屋高裁

　名古屋高裁で裁判長を務めた裁判官は、租税訴訟において納税者勝訴の判決を数多く出していることで知られる有名な方でした。そのため、その判断に期待されましたが、結果は、名古屋地裁で国側が敗訴した部分が取り消されるというものでした。

### ＜法令解釈部分の判断＞

①　事業としての「株式の保有」とは、単に株式を保有し続けることのみならず、当該株式発行会社を支配しかつ管理するための業務もまた、その事業の一部をなすというべきであり、本件で問題となっている一定地域内にある被支配会社を統括するための諸業務もまた、株式保有業の一部をなし措置法66条の6第3項括弧書きの「事業」に該当することは明らかである。

② 平成22年改正措置法66条の6第3項により、主たる事業が「株式等の保有」である統括会社で、被統括会社に対する統括業務を行うものについては、事業基準により適用除外規定の適用対象とならない特定外国子会社等から除く旨規定された。これは、統括業務が、株式保有業の一つの業務であって配当を増加させるために行われるものであるとしても、内国法人が海外における企業戦略を有利に進めていくために有効であることから、被統括会社に対する統括業務を行うものを、事業基準により適用除外規定の適用対象とならない特定外国子会社等から除くこととしたものと理解できるのであり、以上に述べたところと整合するものである。

## ＜事実認定を法令解釈に当てはめる＞

① 一審原告のグループにおいては、新規子会社の設立、増減資、企業買収、合併、分社、清算等は、一審原告の企画の下にその承認を受けて行われることになっており、配当についても、基本的に一審原告が設定した配当性向に従って実施されることになっていたのである。そのため、一審原告は、これらの選択を行うことによって、日本において課税されることを免れ、シンガポールの優遇税制により課税される額が少なくなるように調整することが可能であった。すなわち、一審原告が主張するような地域統括業務が株式保有業に含まれるものではないとの法解釈を採ると、一審原告が実質的に支配するグループ企業の利益を、どこに留めるかということについて、グループ企業を支配している一審原告は、いかようにも行うことが可能なのであり、課税との関係で調整することが可能となるのである。

② 地域統括業務は、その多くが我が国において行うことが可能であるし、海外に支店を設けることによっても可能なものである。そして、地域統括業務は、各孫会社が利益を上げられるようにするために行うものであるから、海外に地域統括業務を行う子会社を設立して孫会社

の株式を保有させる必要はなく、本社が株式を保有して地域統括業務を行えば足りるのであるから、あえて子会社にこれを行わせるのは、低い税率の適用を受けるためのものというほかない。

**＜結論＞**

B社は、株式の保有を「主たる事業」とするものと認められるから、事業基準を満たさないものである。したがって、一審原告の本件各事業年度において、措置法66条の6第1項が適用されることになる。

地裁と高裁のそれぞれの判決書を読むと、判断が両極端であることがわかります。名古屋高裁は、D社の行為を租税回避であると捉え、「低い税率の適用を受けるため」とまでいっています。また、平成22年の改正についても、同じ改正についてここまで解釈が違うのは驚きです。

このように、第一次デンソー事件では、地裁と高裁でまさに真逆な判断がなされました。この後、訴訟は最高裁に判断の場を移します。

それと同時に、第二次デンソー事件についても、同じく名古屋地裁での審理が始まりました。第一次デンソー事件とほぼ同様の内容で、事業年度だけ違うという事案に対し、名古屋地裁が下した判断は…。

### (3)　平成29年1月26日名古屋地裁

名古屋高裁の判決から約11か月後、名古屋地裁は、再度B社の主たる事業は地域統括事業であると判断します。また、判決書を読んでいただくとわかりますが、平成26年の名古屋地裁と重複する表現が多く使用されています。

**＜法令解釈部分の判断＞**

① 措置法66条の6第4項が、事業基準、実体基準及び管理支配基準のほかに、特定外国子会社等の行う主たる事業の内容に応じて、非関

連者基準又は所在地国基準を満たすことを要するものと規定している
のは、㋐特定外国子会社等がその地において当該事業活動を営むこと
につき正当かつ十分な経済合理性があるかどうかの判定は、当該事業
の本質的な行為が物理的にその所在地国内で行われているかどうかを
みること（所在地国基準）によって行うのが最も基本的かつ簡明であ
る一方、㋑同項１号が掲げる事業（卸売業、銀行業、信託業、金融商
品取引業、保険業、水運業又は航空運送業）については、その性質上、
場所的な結び付きが乏しく、どの国で業務を行っているかにさほど意
味はないため、所在地国基準を適用するのは現実的に困難であり、無
意味でもあることから、所在地国基準に代えて、親会社等の関連者の
間に介在するだけの取引には経済合理性が乏しいという観点から、当
該事業活動が主として関連者以外の者との取引から成り立っているこ
と（非関連者基準）という要件が採用されることになったものと解さ
れる。

②　上記の「主たる事業」については、特定外国子会社等の当該事業年
度における事業活動の具体的かつ客観的な内容から判定するほかない
のであって、特定外国子会社等が複数の事業を営んでいるときは、そ
のいずれが主たる事業であるかに関しては、当該外国子会社等におけ
るそれぞれの事業活動によって得られた収入金額又は所得金額、それ
ぞれの事業活動に要する使用人の数、事務所、店舗、工場その他の固
定施設の状況等の具体的かつ客観的な事業活動の内容を総合的に勘案
して判定するのが相当である。

### ＜事実認定を法令解釈に当てはめる＞

認定事実によると、① 2007 事業年度及び 2008 事業年度当時、Ｂ社
は、シンガポールに現地事務所を構え、現地に在住する日本人の代表取
締役と現地勤務の従業員 34、5 人の態勢で職務に当たっていたところ、
これら従業員の大半（20 人以上）は、地域統括業務に従事し、その余

（11 人ないし 12 人）は、プログラム設計業務等に従事していたもので
あって、株式保有業務（持株機能に係る業務）に従事している者は 1 人
もいなかったこと、②2007 事業年度及び 2008 事業年度当時、B 社は、
シンガポールの事務所を賃借し、事務用什器備品、車両、コンピューター
等の有形固定資産を保有してその業務に供していたところ、これら有形
固定資産は、全て株式保有業務（持株機能に係る業務）以外の業務に使
用されており、なかでも、地域統括に関わる業務に供されているものが
大半を占めていたこと、③上記①及び②の状況は、B 社各事業年度にお
いても変わることはなかったこと、④B 社の地域統括業務の中の物流
改善業務に関する売上額は、2009 事業年度において約 7 億 5,000 万星
ドル、2010 事業年度では約 8 億 4,000 万星ドル（B 社の収入金額の約
85％）に上っていたこと、⑤原告は、ASEAN 域内での集中生産・相互
補完体制の円滑化を図り、豪亜地域における各拠点間の事業活動を調整・
サポートする目的で、平成 7 年、シンガポールに地域統括センターとし
て C 社を設立し、その後、被統括会社に対する統率力を高めるために、
平成 10 年に、C 社を含む ASEAN 地域の原告グループ会社の保有株式
を現物出資して B 社を設立したものであり、B 社の設立目的は、そもそ
も地域統括業務を行うことであったこと、⑥B 社は、その設立以来、豪
亜地域における地域統括会社として、集中生産・相互補完体制を強化し、
各拠点の事業運営の効率化やコスト低減を図るために順次業務を拡大し
てきたものであり、地域統括に係る業務内容は、地域企画、調達、財務、
材料技術、人事、情報システム、物流改善といった多方面にわたるもの
となっていたこと、⑦B 社は、現に、アジア地域社長会や機能別会議の
開催、新 AICO の認可取得活動、FTA・関税の調査等、多岐にわたる地
域統括業務を行っていたこと、⑧これら B 社の地域統括業務によって集
中生産・相互補完体制の構築・維持・発展が図られた結果、グループ会
社全体に原価率の大幅な低減による利益がもたらされ、これが B 社の被
統括会社からの配当収入の中に相当程度反映されることとなったこと等

を指摘することができる。

**＜結論＞**

　これら諸点に照らすと、Ｂ社各事業年度において、Ｂ社の主たる事業は、株式保有業ではなく、地域統括事業（地域企画、調達、財務、材料技術、人事、情報システム、物流改善等に係る地域統括業務を行うこと）であったことは明らかというべきである。

　このように平成29年の名古屋地裁の判断部分は、第一次デンソー事件の平成26年の名古屋地裁を踏襲しています。つまり、Ｂ社の設立経緯や事業内容を踏まえ、Ｂ社の主たる事業を地域統括事業であると判断しています。

　平成29年名古屋地裁で特徴的なのは、平成26年の名古屋地裁同様に、被告の主張について、一つ一つ丁寧に反論をしているところです。また、その反論は、遠回しに名古屋高裁の判断に言及しているところもあります。例えば、株式保有業についての概念について、名古屋地裁は「株式保有業を、『株式の保有』との概念から離れて、配当所得を得るための子会社に対する広範な支配・管理業務を含む事業と解釈することは許されず」などとも述べています。これは、名古屋高裁の＜法令解釈部分の判断＞の①で取り上げた部分に相当します。

　そして、平成26年の名古屋地裁と同じ言葉を使用し、タックスヘイブン対策税制の制度趣旨について下記のように判断しています。

　「特定外国子会社等が株式の保有に係る事業の他に実体的な事業活動をしており、これを当該国において行うことに十分な経済合理性がある場合には、当該事業が主たる事業であるかどうかを検討しなければならないのは当然のことであり、たとえ株式の配当による所得金額が大きいとしても、株式保有以外の実体的な事業活動が現実に行われており、当該事業活動に相応の経営資源が投入されている場合には、事業基準（株

111

式の保有等を主たる事業とするものでないこと）を満たすと解すること
こそが、タックスヘイブン対策税制の制度趣旨にかなうものというべき
である（そうでなければ、株式保有以外の実体的な事業活動にいかに多
大な経営資源が投入されていても、当該事業活動の収益状況が芳しくな
い状況の下では、当該特定外国子会社等の主たる事業は株式保有業と判
定されるという不合理な結果になりかねない。）。」

　意図的に同じ言葉を使用したのかは不明ですが、平成26年名古屋地
裁判決が、その後高裁で逆転の判断がなされたことがわかっていながら
も、同じ判断をした平成29年名古屋地裁判決。判決書中の「事業基準
を満たすと解することこそが…」に強い意志を感じます。まさに、D
社が自社の経理処理を変えず信じ続けたのと同様に、名古屋地裁も平成
26年判決の正しさを信じて、再度納税者の主張を認める判断をしまし
た。

　この名古屋地裁の判決が出されたのが、平成29年1月でした。その
後、同年7月に、第一次デンソー事件について、最高裁が、高裁判決に
憲法違反等の事由がないことなどから、上告棄却の判断をしました。

　そして、納税者側からの上告受理申立てについて、最高裁は、10月
に破棄自判の判断をします。破棄自判とは、原審の判断を破棄し、自ら
判断することをいいます。つまり、この事案において、最高裁は自ら判
断をしたということです。

## ⑷　平成29年10月24日最高裁

　最高裁は、原審である名古屋高裁の判断は是認することができないと
して、その理由を以下のように挙げました。

### ＜法令解釈部分の判断＞

①　措置法66条の6第4項は、同条3項にいう株式の保有を主たる事
　業とする特定外国子会社等につき事業基準を満たさないとしていると

ころ、株式を保有する者は、利益配当請求権等の自益権や株主総会の議決権等の共益権を行使することができるほか、保有に係る株式の運用として売買差益等を得ることが可能であり、それゆえ、他の会社に係る議決権の過半数の株式を保有する特定外国子会社等は、上記の株主権の行使を通じて、当該会社の経営を支配し、これを管理することができる。

②　他の会社の株式を保有する特定外国子会社等が、当該会社を統括し管理するための活動として事業方針の策定や業務執行の管理、調整等に係る業務を行う場合、このような業務は、通常、当該会社の業務の合理化、効率化等を通じてその収益性の向上を図ることを直接の目的として、その内容も上記のとおり幅広い範囲に及び、これによって当該会社を含む一定の範囲に属する会社を統括していくものであるから、その結果として当該会社の配当額の増加や資産価値の上昇に資することがあるとしても、株主権の行使や株式の運用に関連する業務等とは異なる独自の目的、内容、機能等を有するものというべきであって、上記の業務が株式の保有に係る事業に包含されその一部を構成すると解するのは相当ではない。

③　措置法66条の6第3項及び4項にいう主たる事業は、特定外国子会社等の当該事業年度における事業活動の具体的かつ客観的な内容から判定することが相当であり、特定外国子会社等が複数の事業を営んでいるときは、当該特定外国子会社等におけるそれぞれの事業活動によって得られた収入金額又は所得金額、事業活動に要する使用人の数、事務所、店舗、工場その他の固定施設の状況等を総合的に勘案して判定するのが相当である。

### ＜事実認定を法令解釈に当てはめる＞

　B社は、豪亜地域における地域統括会社として、域内グループ会社の業務の合理化、効率化を図ることを目的として、個々の業務につき対価

113

を得つつ、地域企画、調達、財務、材料技術、人事、情報システム、物流改善という多岐にわたる地域統括業務を有機的に関連するものとして域内グループ会社に提供していたものである。そして、Ｂ社各事業年度において、地域統括業務の中の物流改善業務に関する売上高は収入金額の約85％に上っており、所得金額では保有株式の受取配当の占める割合が8、9割であったものの、その配当収入の中には地域統括業務によって域内グループ会社全体に原価率が低減した結果生じた利益が相当程度反映されていたものであり、本件現地事務所で勤務する従業員の多くが地域統括業務に従事し、Ｂ社の保有する有形固定資産の大半が地域統括業務に供されていたものである。

＜結論＞

　以上を総合的に勘案すれば、Ｂ社の行っていた地域統括業務は、相当の規模と実体を有するものであり、受取配当の所得金額に占める割合が高いことを踏まえても、事業活動として大きな比重を占めていたということができ、Ｂ社各事業年度においては、地域統括業務が措置法66条の6第3項及び4項にいうＢ社の主たる事業であったと認めるのが相当である。よって、Ｂ社は、Ｂ社各事業年度において事業基準を満たすといえる。

## 6　分析してみる

　最高裁では、そもそも株式保有業とはどういうものなのかを判示し、措置法66条の6第3項及び4項にいう主たる事業の判断基準を示しています。そして、名古屋地裁と同様に、Ｂ社の事業内容から、Ｂ社の主たる事業を地域統括事業であるとし、事業基準を満たすとしました。最高裁の判決書の最後には、「原判決中、主文第1項は破棄を免れない。…（中略）…同部分につき、上告人の請求をいずれも認容した第1審判

決は相当である」とし、最高裁の裁判官全員一致での判断と記されています。

　デンソー事件は、この最高裁判決前の平成29年10月18日に、第二次事件の名古屋高裁において、国側の控訴棄却の判断がなされていました。これは、この最高裁判決の前に口頭弁論が開かれていたために、既に平成28年の名古屋高裁の判断が覆されるであろうことが予想されたためであったと思います。こうして、デンソー事件は、平成20年3月期の更正処分がなされた平成21年2月から約8年8か月の期間を経て、納税者の主張が認められて、終わることとなりました。

　この裁判では、自社の税務処理に誤りはないとする法人側と自らの判断に誤りはないと信ずる裁判官の思いを強く感じます。しかし、課税庁より更正処分を受けてもその税務処理を変えないということは、非常に勇気がいることです。また、地裁の判断が高裁で逆転されたその後に、また同じ言葉を使用して判決書を書いた名古屋地裁の裁判官の判断も称賛されるものです。自分が当事者であったならば、同じことができたかどうかは疑問があります。ぜひ、このデンソー事件は、時系列で第一次と第二次事件とを併せて読んでいただきたいと思います。

## 事案2　非居住者への不動産売買代金に対する源泉徴収義務

> 税は、時に不条理なことを我々に要求することがある。

　税理士にとっては、税は身近な存在ですが、サラリーマンの方はどうでしょう。自身の所得税について、会社が毎月源泉徴収後、年末調整をしてくれます。サラリーマンの方に、あなたが今日会ってきた乙さんは、居住者でしたか、それとも非居住者でしたかと聞いたら、正しく答えら

れる方は何人いるでしょうか。

## 1　紹介する判決

① 平成28年5月19日東京地裁

　　裁判結果：棄却／事件番号：平成26年（行ウ）第114号／出典：税務訴訟資料266号順号12856

② 平成28年12月1日東京高裁

　　裁判結果：棄却・確定／事件番号：平成28年（行コ）第219号／出典：税務訴訟資料266号順号12942

　いずれも税務大学校のウェブサイト（税務訴訟資料／課税関係判決）、裁判所のウェブサイト（行政事件裁判例集）で検索可能です。

## 2　判決の概要

　本件は、不動産業を営んでいるS社が、乙との間で乙が所有している土地建物の売買契約を締結し、その不動産の売買代金並びに固定資産税及び都市計画税相当額の精算金の合計額7億6,215万9,273円を乙に支払ったところ、処分行政庁から、乙が所得税法2条1項5号にいう「非居住者」に該当するため、S社は上記不動産の売買代金支払いの際に、所得税を徴収し、これを国に納付する義務を負っていたなどとして、源泉所得税の納税告知処分を受けた事案です。

## 3　判決書を読む前に

　この判決書を読む前に押さえておかなければいけないことが2点あります。一つは非居住者とは何かということ、そして、もう一つは源泉徴収義務についてです。

## (1)　非居住者と居住者の区分による課税方法の違い

　所得税法では、個人の納税義務者を居住者と非居住者に分けています。居住者とは、「国内に住所を有し、又は現在まで引き続いて1年以上居所を有する個人をいう」（所法2①三）とあります。一方、非居住者については、「居住者以外の個人」（所法2①五）と定義されており、非居住者に該当すると、国内源泉所得に限り課税されます。

　この事案が発生した平成28年分以前では、国内源泉所得を有する非居住者が、どのような国内源泉所得を有するか、国内に支店や事業所などの恒久的施設を有するか否かをまず検討します。そして、恒久的施設を有している場合には、居住者と同様に一定の所得については、源泉徴収後、申告納付しますが、それ以外の場合には、国内源泉所得に対し、源泉徴収がなされて課税関係は終了することになっていました。

　しかし、平成26年度税制改正により、平成29年分からは、非居住者などに対する課税は総合主義（全所得主義）から帰属主義（恒久的施設に帰属するもののみ課税）に変更されました。確認事項の一つに国内源泉所得が恒久的施設に帰属する所得であるのかどうかが加わることになりました。そのため、現在では、非居住者の有する国内源泉所得のうち、恒久的施設に帰属する所得については、居住者と同様に源泉徴収後、総合課税により、申告納付しますが、それ以外の国内源泉所得については、源泉徴収がなされて課税関係は終了することになっています。

## (2)　居住者と非居住者の区分

　上記のように、非居住者に該当すると、課税される所得が違いますし、課税方法も違います。ここで、問題となるのは、両者の区分をどのように判断するのかというところです。

　先に、所得税法の定義を確認しました。所得税法上は、居住者は、「国内に住所を有し、又は現在まで引き続いて1年以上居所を有する個人」となっていますが、この「住所」とはそもそもどのように判断するのか

について過去の裁判でいくつも争われています。

　有名な事案として、武富士事件があります。この事案では、親から贈与を受けた子の住所が日本にあるのか、それとも海外にあるのかが争われました。平成23年2月18日最高裁の判決（平成20年（行ヒ）第139号／税務訴訟資料261号順号11619）では、住所とは、「生活の本拠、すなわち、その者の生活に最も関係の深い一般的生活、全生活の中心を指すものであり、一定の場所がある者の住所であるか否かは、客観的に生活の本拠たる実体を具備しているか否かにより決すべきものと解するのが相当である」と過去の最高裁判決を引用し、判断しました。

　武富士事件では、贈与を受けた子が、贈与当時に香港駐在役員などとして、香港居宅に滞在して過ごし、その間に現地において関係者との面談等の業務に従事していることなどから、香港居宅は生活の本拠たる実体を有していたと判断しました。

　実際には、このように勤務実態や資産の所在、家族の所在などが住所の判断基準となります。

### (3)　非居住者への不動産売買代金支払いに対する源泉徴収義務

　現行の所得税法212条1項では、「非居住者に対し国内において第161条第1項第4号から第16号まで（国内源泉所得）に掲げる国内源泉所得（…（中略）…）の支払をする者又は外国法人に対し国内において同項第4号から第11号まで若しくは第13号から第16号までに掲げる国内源泉所得（…（中略）…）の支払をする者は、その支払の際、これらの国内源泉所得について所得税を徴収し、その徴収の日の属する月の翌月10日までに、これを国に納付しなければならない」と規定されています。ここに出てくる所得税法161条1項5号に「国内にある土地若しくは土地の上に存する権利又は建物及びその附属設備若しくは構築物の譲渡による対価」とあり、今回の事案のように非居住者に対し、国内にある土地・建物などの譲渡の対価を支払う際には、支払者に

はその支払う対価から所得税を徴収することが法律で義務付けられています。

　この制度は、平成2年4月1日より導入されています。導入の経緯について、平成23年3月4日東京地裁判決（平成21年（行ウ）第121号、平成22年（行ウ）第56号／税務訴訟資料261号順号11635）では、「当時、国内にある不動産を譲渡した非居住者等が、申告期限前に譲渡代金を国外に持ち出し、無申告のまま出国する事例が増えており、申告期限前に保全措置を講ずる手段がなく、他方、申告期限後の決定処分をしても、実際に税金を徴収することは非常に難しい状況があったが、こうした事態を放置することは税負担の公平を欠き、納税思想にも悪影響を及ぼしかねないことから、これに対しても適正な課税を確保できるようにするために導入されたものである」としています。つまり、非居住者に対する徴収漏れを防止するために、この制度が設けられ、そのことにより、この裁判例のケースのように、不動産売買の譲渡対価を支払う法人などには、源泉徴収義務があるということになります。

### (4)　裁判例が示す本制度の問題点

　この制度は、確かに合理的であり、租税負担の公平のためにも必要なものであると思います。

　ただ、この制度の問題は、非居住者に対する徴収漏れを解消する方法として源泉徴収制度を採用したことにあります。出国してしまう非居住者に対し、後追いで税金を徴収するのは難しいから、支払いの際に、代金から所得税を徴収すれば、徴収漏れは防げるという単純なものです。しかし、明らかに非居住者であるとわかる人であれば問題はないでしょうが、そもそも住所がどこにあるのか判断に迷う人もいるということは、武富士事件が証明しています。

　武富士事件では、課税庁が国内に住所を有すると認定し贈与税の決定処分を行っていますが、裁判所は結果として、国内に住所を有しないと

判断をした事案です。つまり、税のプロでさえも、住所とは何を意味し、どのように判断をしていくのかが判然としているわけではないということです。それを源泉徴収義務とし、支払をする者にその住所の判断と徴収を丸投げしたのが、この制度です。

　不動産販売業者に勤務している担当者の立場になってみましょう。国内にある土地建物の買入れを検討している際に、同僚から「所有者が非居住者かもしれないよ」と言われたとして、その同僚の言葉の意味するところが理解できるでしょうか。

## 4　判決書を読んでみる

### (1)　平成 28 年 5 月 19 日東京地裁

① 　認定事実

　乙は、大学を卒業後、昭和 27 年に米国に留学をしました。留学後は日本に帰らず、アメリカ議会図書館に司書の職を得ていました。そして、昭和 29 年に F と結婚しました。F との間には、2 人の子供が生まれ、乙は米国籍を取得し、ヴァージニア州において社会保障番号を取得していました。

　昭和 47 年に日本にいる父が亡くなったという知らせが届きました。父は、S 区に所在する不動産を含め、いくつかの財産を残していましたが、その相続については兄妹間で解決せず、問題が生じていました。相続について、最終的に兄妹間で決着をするのは、平成 4 年頃となります。その結果、乙は、S 区にある土地を単独で取得することとなりました。

　昭和 62 年頃から日本にいる母の具合が悪くなり、乙は米国より一時帰国し、母の介護を行っていました。母は父の相続が決着した翌年の平成 5 年に亡くなっています。

　乙は、父の相続で取得した土地の一部を月極駐車場としました。また、平成 7 年には、その土地の上に 3 階建ての建物を建設し、乙の住所地を

父の本籍地からこの建物の所在地であるＳ区に変更をしました。母が
亡くなってから、乙が日本に帰るのは年に数回でした。主な目的は、駐
車場の事務処理を行うためです。日本では、平成12年から介護保険被
保険者証の交付を受けています。

　その後、妻のＦが亡くなり、乙は、平成12年にラスベガスに0.18エー
カーの土地を購入し、そちらに移り住むことにしました。翌年には、長
男が同居し、猫と犬との生活を送っていました。

　しかし、乙は高齢となり、駐車場の経営が負担となったので、不動産
を売却することを考えるようになっていきました。

　Ｓ社のＩがＭ社からＳ区で1,000平方メートルを超える不動産が売
り出されているとの情報を得たのは、平成19年8月でした。価格は
8億円台後半とのことだったので、同社の部長Ｊと共に購入に向けて動
き始めることとしました。その不動産は、当時駐車場として使用されて
いるようでした。駐車場の看板には土地所有者への電話番号が記載され
ていたため、何度か電話を掛けてみましたがつながらず、訪問もしてみ
ましたが、留守でした。やっと、土地の所有者である乙と連絡が取れた
のは、不動産の売り情報を得てからおよそ1か月が過ぎた頃でした。

　初めてＩとＪが乙を訪問したのは、同年9月でした。乙は、駐車場を
自ら経営して、確定申告も自分で行ってきたが、高齢となり、駐車場の
経営が負担となったので、不動産を売却して米国に戻って生活したいと
考えていることなどを話しました。ＩとＪは、乙との不動産売買の交渉
を進める中で、乙の対応や室内の様子から、乙はここで生活しているも
のと認識していました。乙は、米国で就職して働いていたが母親の介護
が必要になったため米国から帰国し母親の介護を6、7年していたこと、
相続問題でもめたがこの土地を相続し自宅（本件建物）を建てて駐車
場の経営で生計を立てていることなどを話しました。乙はＩに対し、10
月には米国に行くのでしばらく留守にすると伝えましたが、11月には

　帰国し、本格的な価格交渉を行うこととなりました。売買契約の条件面としては、対価の支払を引渡日一括払いとすること、引渡日までに隣地との境界確定や前面道路との官民査定を済ませること、本件駐車場に係る駐車場契約を全て解約すること等が決められました。

　12月には、Iは、乙からこの不動産売却の税金について質問を受けたので、税理士に相談して、①譲渡所得税について説明した書類、②乙の疑問（譲渡費用に駐車場の築造費用が含まれるかなど）について説明した書類を作成し、乙に交付するとともに、本件不動産の譲渡に伴う課税関係を口頭で説明しました。

　12月8日には、正式に契約となりました。その際に、Iは、乙から乙の住民票、印鑑登録証明書及び固定資産評価書類を確認させてもらいました。住所については、全てこのS区の建物所在地か移転前の本籍地の住所地が記載されていました。

　乙から、売買代金の振込を米国の銀行口座に26口に分割して振り込んでもらいたいとの申し出がありました。乙は銀行の破綻が心配であるため複数の口座に分割したいなどと説明していました。Iは、経理部に米国銀行口座が書かれた乙の手書メモを渡し、売買代金を米国口座に分割送金できるかを相談しました。その際、経理担当者は、Iに、乙が「非居住者」であるか否かの確認をするように指示し、非居住者性の判断基準に関する資料（文献をコピーしたもの）を手渡しました。

　I及びJは、乙を訪問し、乙に対し、「国内居住者でなければ課税関係が変わりますから確認するように言われています。乙さんは国内居住者ですよね」と確認します。乙は、I及びJに対し、「そうですよ。ちゃんと日本で所得税も住民税も納めていますよ」と回答し、納税申告も毎年自分で行っている旨を説明しました。その上で、Iは、乙が介護保険被保険者証の交付を受けていることを確認し、その保険者証の番号や交付年月日をメモ書きで記録しました。

　このような経緯から、IとJは、経理担当者に対し、乙が国内居住者

であることを否定する事情はない旨を報告し、不動産の譲渡対価の支払について、社内決裁を受け、平成20年3月14日、乙に対し、譲渡代金を米国口座に分割送金しました。

　Jは、譲渡代金が支払われる日が近づいた頃、乙を訪ね、この不動産を売却した後はどうするのかを尋ねましたが、乙は、「米国のヘンダーソンというところで、犬や猫と一緒に一人で暮らす」と答えました。

　新宿税務署は、平成22年、S社が乙に対し支払った不動産の譲渡対価に関する税務調査を開始しました。調査としては、この土地の近隣に居住する乙の兄である丁と丁の妻Eに対する質問調査のほか、①法務省入国管理局に対する入出国記録の照会、②国税庁を通じて、米国内国歳入庁（IRS）に対する乙の米国における身分事項や所得税の申告状況等に関する照会などを行いました。

　新宿税務署は、乙が非居住者であると認定し、S社に対し、源泉徴収税の納税告知処分を行いました。S社は源泉所得税7,621万5,927円を納付した上で、告知処分に不服があるとして、異議申立て及び審査請求をしましたが、いずれも棄却されました。

　そして、平成26年、S社は、乙の非居住者該当性のほか、S社が源泉徴収義務を負っていたのか、これら告知処分が租税公平主義及び信義則（禁反言の原則）に違反したものであるかなどかを争点として、東京地裁に訴訟を起こしました。

② 　裁判所の判断

　平成28年5月19日、東京地裁は、S社の請求を棄却する旨の判決を言い渡しました。

### ＜法令解釈部分の判断＞

① 　所得税法は、「非居住者」に対して日本国内の不動産の譲渡による対価（国内源泉所得）を支払う者は、その支払の際、当該国内源泉所得に係る源泉徴収義務を負う旨を規定しているところ、同法2条1項5号は、「非居住者」とは、「居住者以外の個人をいう。」と規定し、同項3号は、居住者につき、「国内に住所を有し、又は現在まで引き続いて1年以上居所を有する個人をいう。」と規定している。そして、同法は、日本国内の居住者を判定する際の要件となる上記「住所」の意義について明文の規定を置いていないが、「住所」とは、反対の解釈をすべき特段の事由がない以上、生活の本拠、すなわち、その者の生活に最も関係の深い一般的生活、全生活の中心を指し、一定の場所がその者の住所に当たるか否かは、客観的に生活の本拠たる実体を具備しているか否かにより決すべきである。

② 　所得税法2条1項3号は、「国内に住所を有し、又は現在まで引き続いて1年以上居所を有する個人」を「居住者」とする旨定めているところ、同号にいう「居所」とは、人が多少の期間継続的に居住するが、その生活との関係の度合いが住所ほど密着ではない場所をいうものと解される。そして、同号が「現在まで引き続いて1年以上居所を有する個人」と規定していることに鑑みれば、「居所」とは、特段の事情がない限り、国内において、1年以上継続的に居住している場合における、当該生活の場所をいうものと解される。他方において、当該者が一時的に日本国外に出国したことにより、現実に当該生活の場所で生活していた期間が継続して1年に満たないからといって、そのことのみをもって「居所」該当性を否定するのは相当ではなく、飽くまでも一時的な目的で国外に出国することが明らかであるような場合においては、当該在外期間についても、「現在まで引き続いて1年以上居所を有する」か否かの判定において、日本国内に居所を有するものと同視することができるというべきである（所得税基本通達2－2

参照）。

## ＜事実認定を法令解釈に当てはめる＞

①　乙は、米国において、米国籍及び社会保障番号を取得しており、日本国内には米国発給の旅券を用いて入国している。また、乙は、平成10年以降、多くて年4回日本に入国しているものの、その滞在期間は、1年の半分にも満たない。そして、乙が、2000年（平成12年）11月に米国住居を購入し、2001年（平成13年）以降は米国住居において長男と同居して生活していたことに鑑みれば、本件支払日の当時において、乙の生活の本拠は、米国住居にあったというべきである。

②　この点、乙は、売買契約書や境界確認書等において、乙の住所として本件建物所在地を記載しているところ、乙の住民票のほか、登記書類や固定資産評価書類等の公的書類において、乙の住所が旧住所ないし本件建物所在地であると記載されていること等に鑑みれば、乙は、日本国内に滞在している間は、自らの住所が本件建物所在地であるとして各種届出を行っていたものと推認することができる。しかしながら、乙は、支払日の当時において、米国住居において、長男と同居して生活し、乙が本件建物に滞在していたのは、駐車場の管理事務を処理するためであって、日本国内における滞在は1年の過半に満たなかったことに鑑みれば、乙が各種届出や書類作成において本件建物所在地を住所として取り扱っていたことをもって、本件建物所在地が、支払日の当時において、所得税法2条1項3号にいう「住所」であるということはできない。

③　乙は、日本国内に滞在している間は、本件建物を生活の場所としているものの、乙が建物に滞在していたのは、平成10年以降多くとも年4回程度にすぎず、日本国内における滞在期間も1年の過半には満たない。そして、乙が支払日以前の1年間において本邦に滞在した日数は156日であるから、乙が本件支払日時点において日本国内に1

年以上居所を有していなかったことは明らかである。

④　乙は、本件支払日まで引き続いて1年以上居所を有していなかったものと認められるところ、乙は、支払日において、㋐日本国内に住所を有しておらず、㋑支払日まで引き続いて1年以上日本国内に居所を有していなかったのであるから、乙は、本件支払日において、所得税法上の「非居住者」であったというべきである。

⑤　Iは、平成19年8月当時、本件建物に電話を掛けても繋がらず、3、4回訪問しても不在であったのであり、不動産の売却交渉が開始した後も、乙が、約1か月にわたり、渡米し、Iはこれを認識していたというのであって、乙が、Iに対し、以前米国で生活していた旨を説明していたことを併せ考えれば、原告の担当者（I及びJ）は、例えば、乙が米国と日本を行き来するなどしている可能性をも踏まえて、乙の非居住者性を検討する必要があったということができる。さらに、乙が、代金を26口に分割して米国口座に振込送金することを依頼しており、手書メモには、米国口座の名義人の名前が記載され、原告の担当者は、乙の住所として、米国住所を送金依頼書に記入していたことに鑑みれば、原告の担当者（I及びJ）は、乙が非居住者である（米国に生活の本拠を有している）可能性をも踏まえて、乙に対し、その具体的な生活状況等（例えば、乙の出入国の有無・頻度、米国における滞在期間、米国における家族関係や資産状況等）に関する質問をするなどして、乙が非居住者であるか否かを確認すべき注意義務を負っていたというべきであり（実際、経理担当者は、原告の担当者（I及びJ）に対し、乙が非居住者であるか否かについて確認することを指示している）、上記の事実関係の下においては、乙の住民票等の公的な書類を確認したからといって、そのことのみをもって、原告が注意義務を尽くしたということはできない。

**＜結論＞**

　原告が本件譲渡対価について所得税法212条1項に基づく源泉徴収義務を負っていたのか否かについて検討するに、乙は、支払日において、所得税法上の「非居住者」であるから、原告は、乙に対して国内源泉所得（本件譲渡対価）を支払うに際し、同条項に基づく源泉徴収義務を負っていたというべきである。

　この点、原告は、原告が注意義務を尽くしたことを前提として、同条項の限定解釈ないし適用違憲を理由に、原告が源泉徴収義務を負わない旨主張しているが、原告が注意義務を尽くしたということはできないから、本件譲渡対価に係る源泉徴収義務を否定すべき理由はなく、原告の主張を採用することはできない。

　このような判断により、東京地裁は納税者の主張を斥けています。S社は、東京高裁に控訴しましたが、結果はS社には厳しいものでした。

## ⑵　平成28年12月1日東京高裁

**＜法令解釈部分の判断＞**

　所得税法161条1号の3（現行：1項5号）、212条1項は、「非居住者」に対して日本国内の不動産の譲渡による対価（国内源泉所得）を支払う者は、その支払の際、当該国内源泉所得に係る源泉徴収義務を負う旨規定しているのであり、これらの規定は、上記支払者に支払の相手が「非居住者」であるか否かを確認すべき義務を負わせているものと解するのが相当であり、本件に関して、控訴人が本件譲渡対価を支払う際に乙が「非居住者」であるか否かを確認すべき義務（注意義務）を負っていたことについては、両当事者とも自認しているところである。そして、同争点における控訴人の主張は、控訴人が注意義務を尽くしても、乙が「非居住者」であることを確認できない場合、あるいは乙が「非居住者」であるかそうでないかを判別することが不可能又は困難な場合には、控訴

人は本件条項に基づく源泉徴収義務を負わないと解する限定解釈ないし本件条項の限定的適用をすべきであるというものであるところ、控訴人の主張によっても、控訴人の主張する本件条項の限定解釈ないし限定的適用の前提問題として、控訴人において注意義務を尽くしても乙が「非居住者」であると確認ないし判別することができないかどうかが問題となる。

### ＜事実認定を法令解釈に当てはめる＞

乙は、売買契約書や境界確認書等において、乙の住所として本件建物所在地を記載しているところ、乙の住民票のほか、登記書類や固定資産評価書類等の公的書類において、乙の住所が旧住所ないし本件建物所在地であると記載されていること等に鑑みれば、乙は、日本国内に滞在している間は、自らの住所が本件建物所在地であるとして各種届出を行っていたものと推認することができる。しかしながら、控訴人の担当者（Ｉ及びＪ）は、売買契約の締結に至る過程において上記のとおりの記載がされていた各種書類を入手していたにもかかわらず、更に控訴人の企画本部経理部の経理担当者から乙が「非居住者」であるか否かの確認を指示されたのであり、また、乙は、本件支払日の当時において、米国住居において、長男と同居して生活し、乙が本件建物に滞在していたのは、駐車場の管理事務を処理するためであって、日本国内における滞在は1年の過半に満たなかったことに鑑みれば、乙が各種届出や書類作成において本件建物所在地を住所として取り扱っていたことをもって、本件建物所在地が、支払日の当時において、所得税法2条1項3号にいう「住所」であるということはできない。

### ＜結論＞

控訴人の請求は理由がないから、これを棄却した原判決は相当であり、控訴は理由がないから、これを棄却することとする。

## 5　分析してみる

　この裁判のメインの争点は、乙の非居住者該当性ですが、S社が源泉徴収義務を負っているかどうかの争いの中で、S社が注意義務を尽くしていたのかも争われました。結果として、東京地裁も東京高裁もS社が注意義務を尽くしていなかったと判断しています。

　しかし、法令解釈としては、東京地裁が判断しているように、「乙は、本件支払日において、所得税法上の『非居住者』であるから、原告は、乙に対して国内源泉所得（本件譲渡対価）を支払うに際し、本件条項に基づく源泉徴収義務を負っていたというべきである」が正しいと思います。つまり、注意義務を尽くしているか否かにより、本来はこの源泉徴収義務が変わるべきものではないはずで、非居住者に対し国内源泉所得となる対価等を支払う際には、支払者には源泉徴収義務が課せられているということです。

　一方で、果たして、非居住者であるのか否かといった高度な税務判断を要するものを、支払者である不動産業者に丸投げするというこの制度自体に問題がないのかという点があると思います。

　まさに、「非居住者」という言葉すらなじみのないサラリーマンが「非居住者か確認してほしい」と言われたときに、果たしてどうしたらよいのか。経理担当者は、Iに対して、非居住者性の判断基準に関する資料（文献をコピーしたもの）を手渡ししたとされていますが、専門的な税務知識のない営業担当者が、手渡しされた資料を一読しただけで適切な判断ができるかどうかについては、疑問のあるところです。

　東京地裁の判決書には、「乙に対し、その具体的な生活状況等（例えば、乙の出入国の有無・頻度、米国における滞在期間、米国における家族関係や資産状況等）に関する質問をするなどして…」とあります。この判決書を読んで、東京地裁はサラリーマンに高度な判断を要求していると思いました。それであれば、国税庁が確認のための簡易なチェックシー

トを用意するなどしてもいいのではないでしょうか。この判決書を読む
たびに、ⅠとJは、果たして何をどうすればよかったのかと考えてしま
います。納税告知処分がなされ、S社が支払った源泉所得税は、7,621
万5,927円です。

　なお、この東京高裁では、争点の一つとして告知処分に係る源泉所
得税に関して延滞税の免除を受けていること及び不納付加算税が課され
ていないことの意味についても、検討されました。国側は、「延滞税又
は不納付加算税といった附帯税に係る状況と本件における争点との間に
は、関連性がない」としました。しかし、この事案で、源泉所得税に対
し延滞税及び不納付加算税が課されていないこと自体が、まさに国側の
せめてもの罪滅ぼしであるかのように感じざるを得ません。

◆　　　　　　　　◆

　さあ、あなたも判決書を広げて、当事者の立場に立って読んでみましょ
う。そこから、きっと当事者たちの息吹を感じることができるはずです。

---

## 第2節　判決の裏側にあるドラマを想像する

---

　判決や裁決の裏には納税者や課税庁が織りなすドラマがあります。ここでは、ただ単に、これらを読むだけでなく、そんなドラマを想像しながら読んでみましょう。

### 事案1　調査の違法と仕入税額控除否認事件

> 始まりは、些細なこと。まさに、ボタンの掛け違いのようなものだったが…その代償は大きすぎるものだった。

　税務調査もまた人間同士で行うものなので、相手の行動、言動など鼻につく場合もあるでしょう。この事案も、始まりは些細なことでしたが、最後には取り返しがつかないところまで発展してしまいました。

## 1　紹介する判決

① 平成 25 年 11 月 12 日東京地裁

　　裁判結果：棄却／事件番号：平成 24 年（行ウ）第 143 号／出典：税務訴訟資料 263 号順号 12331

② 平成 26 年 3 月 27 日東京高裁

　　裁判結果：棄却／事件番号：平成 25 年（行コ）第 428 号／出典：税務訴訟資料 264 号順号 12442

③ 平成 27 年 4 月 17 日最高裁

　　裁判結果：棄却、不受理・確定／事件番号：平成 26 年（行ツ）第

262号、平成26年（行ヒ）第273号／出典：税務訴訟資料265号
順号12653

いずれも税務大学校のウェブサイト（税務訴訟資料／課税関係判決）
で読むことができます。

## 2　判決の概要

　この事案は、埼玉県に所在する塗料の販売業を行っていたW社が課税
庁より事前通知なしの臨場を受け、その後、税務調査において帳簿書類
の提示を求められたもののこれに応じなかったため、①法人税法127
条1項1号（平成22年法律第6号による改正前のもの）に規定する「帳
簿書類の備付け、記録又は保存が行なわれていないこと」に該当するこ
とを理由に、法人税の青色申告の承認の取消処分を、②同取消処分を前
提に、法人税につき欠損金の繰越控除を否認する更正処分を、③消費税
法30条7項に規定する「課税仕入れ等の税額の控除に係る帳簿及び請
求書等を保存しない場合」に該当することを理由に、同条1項の仕入税
額控除の規定は適用されないとして、消費税等の仕入税額控除を否認す
る更正処分並びに過少申告加算税賦課決定処分を受けたものです。

　なお、この事案は、税務調査手続の明確化がなされた平成25年1月
の国税通則法の施行前のものです。

## 3　判決書を読む前に

　判決書を読む前に、「税務調査において帳簿書類の提示をする」とい
うことがどういう意味を持つのかについて確認していきます。

### (1)　法人税法127条と消費税法30条

　法人税法127条とは、青色申告の承認の取消しを規定したものです。

同条1項では、「納税地の所轄税務署長は、当該各号に定める事業年度まで遡つて、その承認を取り消すことができる」とし、当該各号として4つを定めています。その1号が、「その事業年度に係る帳簿書類の備付け、記録又は保存が前条第1項に規定する財務省令で定めるところに従つて行われていないこと」とされています。

一方、消費税法30条は、仕入れに係る消費税額の控除の規定ですが、現行の同条7項では、「事業者が当該課税期間の課税仕入れ等の税額の控除に係る帳簿及び請求書等（…（中略）…）を保存しない場合には、当該保存がない課税仕入れ、特定課税仕入れ又は課税貨物に係る課税仕入れ等の税額については、適用しない」とあります。つまり、消費税の事業者については、帳簿及び請求書等の保存がなければ仕入税額控除が認められないということになります。

日本はこのように請求書等保存方式を採用していました。令和元年10月1日以降では、従前の請求書等保存方式を基本的に維持した区分記載請求書等保存方式となっています。また、令和5年10月1日からは、適格請求書等保存方式が導入されますが、買い手側の仕入税額控除の要件が、「一定の事項を記載した帳簿及び請求書等の保存」となっており、帳簿と請求書等の保存が必要であることは変わりがありません。

このように、法人税法127条と消費税法30条は、帳簿及び請求書等の保存が大切であることを示しています。そして、税務調査時における「帳簿及び請求書等の保存」の解釈については、3つの最高裁判決により、既に法令解釈は決着がついています。

## ⑵　3つの最高裁判決が示すもの

税務調査と「帳簿及び請求書等の保存」の解釈について、消費税法に関しては、最高裁が平成16年12月に相次いで2つの判断をし、法人税に関しても翌年の平成17年に判断をしています。逆にいうと、最高裁が解釈を変更するほどのことがない限り、法解釈はこの3つの判断が

維持されるということになります。

① 平成 16 年 12 月 16 日最高裁

　　裁判結果：一部棄却、一部却下・確定／事件番号：平成 13 年（行ヒ）
第 116 号／出典：民集 58 巻 9 号 2458 頁、税務訴訟資料 254 号順
号 9860

② 平成 16 年 12 月 20 日最高裁

　　裁判結果：棄却・確定／事件番号：平成 16 年（行ヒ）第 37 号／出典：
集民 215 号 1005 頁、税務訴訟資料 254 号順号 9870

③ 平成 17 年 3 月 10 日最高裁

　　裁判結果：棄却・確定／事件番号：平成 16 年（行ヒ）第 278 号／出典：
民集 59 巻 2 号 379 頁、税務訴訟資料 255 号順号 9954

　いずれも裁判所のウェブサイト（最高裁判所判例集）で検索可能です。

　①〜③の事案は、全て納税者が税務調査に際し、調査担当職員に帳簿
書類の提示を拒否したものです。

　①の最高裁判決では、消費税法 30 条 7 項について、どうしてこのよ
うな規定が設けられているのか、また、この法令解釈について次のよう
に判示しています。

### ＜法令解釈部分の判断＞

① 消費税法 30 条 7 項は、同法 58 条の場合と同様に、当該課税期間
の課税仕入れ等の税額の控除に係る帳簿又は請求書等が税務職員によ
る検査の対象となり得ることを前提にしているものであり、事業者が、
国内において行った課税仕入れに関し、同法 30 条 8 項 1 号所定の事
項が記載されている帳簿を保存している場合又は同条 9 項 1 号所定の
書類で同号所定の事項が記載されている請求書等を保存している場合
において、税務職員がそのいずれかを検査することにより課税仕入れ
の事実を調査することが可能であるときに限り、同条 1 項を適用する
ことができることを明らかにするものであると解される。

② 消費税法 30 条 7 項の規定の反面として、事業者が上記帳簿又は請求書等を保存していない場合には同条 1 項が適用されないことになるが、このような法的不利益が特に定められたのは、資産の譲渡等が連鎖的に行われる中で、広く、かつ、薄く資産の譲渡等に課税するという消費税により適正な税収を確保するには、上記帳簿又は請求書等という確実な資料を保存させることが必要不可欠であると判断されたためであると考えられる。

③ 以上によれば、事業者が、消費税法施行令 50 条 1 項の定めるとおり、消費税法 30 条 7 項に規定する帳簿又は請求書等を整理し、これらを所定の期間及び場所において、同法 62 条に基づく税務職員による検査に当たって適時にこれを提示することが可能なように態勢を整えて保存していなかった場合は、同法 30 条 7 項にいう「事業者が当該課税期間の課税仕入れ等の税額の控除に係る帳簿又は請求書等を保存しない場合」に当たり、事業者が災害その他やむを得ない事情により当該保存をすることができなかったことを証明しない限り（同項ただし書）、同条 1 項の規定は、当該保存がない課税仕入れに係る課税仕入れ等の税額については、適用されないものというべきである。

①の最高裁判決では、帳簿又は請求書等は、税務職員による検査の対象となり、事業者は、検査に当たって適時にこれを提示することが可能なように態勢を整えて保存しなければ仕入税額控除は適用されないということが示されたことになります。

一方で、その4日後に出された②の最高裁判決では、先ほどの①の最高裁判決を引用しながら、より具体的な場面を鑑み、「上告人は、被上告人の職員が上告人に対する税務調査において適法に帳簿等の提示を求め、これに応じ難いとする理由も格別なかったにもかかわらず、上記職員に対して帳簿等の提示を拒み続けたというのである。そうすると、上告人が、上記調査が行われた時点で帳簿等を保管していたとしても、法

62条に基づく税務職員による帳簿等の検査に当たって適時にこれを提示することが可能なように態勢を整えて帳簿等を保存していたということはできず、本件は法30条7項にいう帳簿等を保存しない場合に当たる」との判示をしています。

きちんと帳簿を保管していても、税務調査時に、担当職員に提示できるようにしていなければ、税法上の帳簿の保存には当たらないという判断を最高裁は示したといえます。ただし、この②の最高裁判決には、「法30条7項における『保存』の規定に、現状維持のまま保管するという通常その言葉の持っている意味を超えて、税務調査における提示の求めに応ずることまで含ませなければならない根拠を見出すことはできない」との滝井繁男裁判官の反対意見もあります。

③の最高裁判決については、本事案と同様に、消費税の仕入税額控除を否認する処分のほかに、青色申告の承認の取消処分がなされました。最高裁は、青色申告の承認の取消処分に対する「帳簿書類の備付け、記録又は保存」の解釈について、次のような判断をしています。

### ＜法令解釈部分の判断＞

法人税法126条1項は、青色申告の承認を受けた法人に対し、大蔵省令で定めるところにより、帳簿書類を備え付けてこれにその取引を記録すべきことはもとより、これらが行われていたとしても、さらに、税務職員が必要と判断したときにその帳簿書類を検査してその内容の真実性を確認することができるような態勢の下に、帳簿書類を保存しなければならないこととしているというべきであり、法人が税務職員の同法153条の規定に基づく検査に適時にこれを提示することが可能なように態勢を整えて当該帳簿書類を保存していなかった場合は、同法126条1項の規定に違反し、同法127条1項1号に該当するものというべきである。

　3つの最高裁判決の法令解釈部分は、このようになっています。②の最高裁判決では反対意見もありましたが、3つの最高裁判決が共通して示すところは、税務調査時に、調査担当職員に帳簿等を提示できるようにすることが、消費税法30条7項及び法人税法127条1項1号にいう「帳簿及び請求書等の保存」や「帳簿書類の備付け、記録又は保存」に該当し、仕入税額控除及び青色申告の特典の適用を受けることができるということになります。

　以上の最高裁判決を踏まえて、本事案の第一審である平成25年11月12日東京地裁判決書を読むと、「第2　事案の概要」に「税務調査において帳簿書類等の提示を求めたものの原告がこれに応じなかった」という文言がありましたが、この一文を読むだけで、結論は出ているということになります。法令解釈に当てはめると、②の最高裁判決にある「税務調査において適法に帳簿等の提示を求め、これに応じ難いとする理由も格別なかったにもかかわらず、上記職員に対して帳簿等の提示を拒み続けた」に該当しますので、どのような主張を行っても、法解釈としては覆すことはできないでしょう。

　しかし、法令解釈部分ではなく、この判決書には読んでほしい理由があります。それは、このW社に対しどのような調査が行われ、なぜ調査の拒否が行われたのか、そしてそれによりどのような影響があったのか、最終的にW社はどうなったのか…判決書で示されたもの、そして示されなかったものを紐解いていきます。

## 4　判決書を読んでみる

　では、ここから判決書を読んでいきます。

### ⑴　平成25年11月12日東京地裁

　争点は、法人税法127条1項1号（青色申告の承認の取消事由）該

当性と消費税法 30 条 7 項（仕入税額控除規定の不適用事由）該当性の2つです。

　特に「第5　当裁判所の判断」のところでは、関係法令の解釈のほかに、税務調査の経緯について多くが割かれていることがわかります。

　実際に、税務調査のため担当職員らがW社に臨場したのが、平成21年8月18日です。税務調査の事前通知がなかったということですが、この18日には調査は行われませんでした。その理由として、W社側は、担当職員らが、臨場当初は得意先の反面調査であるとの虚偽を述べていたとしています。一方で、担当職員らは、客や従業員等の存在に配慮して税務調査である旨を明確に告げなかったと証言しています。上記の双方の主張の違いをみてもわかるように、最初は些細な行き違いからです。

　その日は、調査に至らず、担当職員らは帰りましたが、その後税務調査の日程調整のため、担当職員らは、W社の顧問税理士であるN税理士の事務所に平成21年8月31日から翌年4月21日までに計28回電話をしています。平成22年4月23日から同年6月29日までについては、W社の代表者宛てに電話や文書、訪問等により調査の依頼をしましたが、やはり協力は得られませんでした。結局、6月29日に、N税理士との電話により税務調査が7月6日に決まりました。

　7月6日当日、2名の担当職員がW社に赴き、W社側は、代表者とN税理士が応対しました。しかし、通常の税務調査のような光景はありません。判決書の裁判所の判断の「2　本件調査の経緯について」の「（5）平成22年7月6日」には、その時の様子が次のとおり記されています。

　「原告代表者らが、調査担当者が当初反面調査と称して臨場したと主張してこれに対する不服を述べるとともに、具体的な調査理由や原告が調査対象となった理由の開示を求め、これがなければ本件調査への協力や帳簿書類の提示には応じられない旨を述べたのに対し、O統括官らは、当初から原告を対象とする調査である旨を説明とするとともに、調査理由は『所得金額の確認』であり、それ以外に告げるべき理由はない旨を

述べ、さらに、帳簿書類の提示を求め、これに応じない場合には、青色申告の承認の取消しや消費税の仕入税額控除の否認の対象となり、更正処分をすることになる旨を告げた。また、原告代表者らが、帳簿書類の保管状況を確認するよう求めたことから、O統括官らが、保管状況だけではなく帳簿書類の中身を見せるよう求めたところ、原告代表者らは、先と同様に、具体的な調査理由の開示がなければ応じることはできない旨を述べた。」

　W社側は調査の理由の開示にこだわりました。現行の国税通則法においても、調査の目的は事前通知事項とされていますが（通法74の9①三）、調査の理由については、事前通知事項とはなってはいませんので、担当職員から説明されることはありません（国税庁「税務調査手続に関するFAQ（一般納税者向け）」問18、平成28年4月一部改訂）。

　結果、担当職員らはこの日の調査を断念し、W社を後にしようとしたところ、W社の代表者らは、担当職員らに対し帳簿書類の保管状況を確認するように求めました。つまり、納税者は、確認を課税庁側に求めていたということです。そして、代表者は、会社から車で数分の場所にある倉庫に担当職員らを案内し、帳簿書類が保管されている段ボール箱を示しました。

　判決書では、この時に、代表者らは担当職員らに、段ボール箱を開けて中に入っている帳簿書類を見せた上で、他の段ボール箱も自由に開けて帳簿書類を見るよう告げて調査を促したとの主張をしていますが、担当職員らの証言では、段ボール箱の中身であるとする帳簿書類自体を取り出して提示することはなかったとしています。またも双方の主張は食い違っていることになります。

　その後、担当職員の変更もありましたが、結果的に調査は行われず、代表者に対し、このままでは、青色申告の承認の取消しとなり法人税の更正処分が行われること、消費税の仕入税額控除が否認されて約6,000万円の納税義務が生じることなどの説明がなされましたが、依然とし

て、調査は行われませんでした。課税庁が、各処分を行ったのは、平成22年9月8日付で、最初の無予告調査での臨場日である平成21年8月18日から約1年1か月が過ぎていました。

### ＜法令解釈部分の判断＞

① 法人税法126条1項は、青色申告の承認を受けた法人に対し、財務省令で定めるところにより、帳簿書類を備え付けてこれにその取引を記録すべきことはもとより、これらが行われていたとしても、さらに、税務職員が必要と判断したときにその帳簿書類を検査してその内容の真実性を確認することができるような態勢の下に、帳簿書類を保存しなければならないこととしているというべきであり、法人が税務職員の同法153条の規定に基づく検査に適時にこれを提示することが可能なように態勢を整えて当該帳簿書類を保存していなかった場合は、同法126条1項の規定に違反し、同法127条1項1号に該当するものというべきである。

② 事業者が、消費税法施行令50条1項の定めるとおり、消費税法30条7項に規定する帳簿及び請求書等を整理し、これらを所定の期間及び場所において、同法62条に基づく税務職員による検査に当たって適時にこれを提示することが可能なように態勢を整えて保存していなかった場合は、同法30条7項にいう「事業者が当該課税期間の課税仕入れ等の税額の控除に係る帳簿及び請求書等を保存しない場合」に当たり、事業者が災害その他やむを得ない事情により当該保存をすることができなかったことを証明しない限り（同項ただし書）、同条1項の規定は、当該保存がない課税仕入れに係る課税仕入れ等の税額については、適用されないものというべきである。

### ＜事実認定を法令解釈に当てはめる＞

本件調査担当者らは、平成21年8月18日に原告本社に臨場して以

140

降、平成 22 年 9 月 8 日の本件各処分に至るまでの 1 年余りの間、原告
に対し、原告本社に臨場して又は電話若しくは文書により、法人税等の
税務調査（本件調査）への協力を繰り返し求め続けていたものであり、
特に同年 6 月以降は、文書により又は臨場して、繰り返し明示的に、帳
簿書類の提示がなければ法人税につき青色申告の承認の取消しの対象と
なるとともに消費税につき仕入税額控除の否認の対象となる旨を告げ
て、法人税の青色申告に係る帳簿書類及び消費税の課税仕入れ等の事実
に係る帳簿等を提示するように求めていたものである。

そして、本件調査における上記の帳簿書類（以下、特に明示しない限り、
消費税については帳簿等を指すものとする。）の提示の求めは、適法な
ものということができ、これに応じなかった場合には、法人税法 127
条 1 項 1 号該当性及び消費税法 30 条 7 項該当性を肯定し得るものとい
うべきである。

## ＜結論＞

① 　原告は、本件調査担当者らから原告に対する税務調査において適法
に帳簿書類の提示を求められ、これに応じ難いとする理由も格別な
かったにもかかわらず、帳簿書類の提示を拒み続けたものということ
ができる。そうすると、原告は、本件調査が行われた時点で所定の帳
簿書類を保管していたかどうかにかかわらず、法人税法 153 条に基
づく税務職員による帳簿書類の検査に当たって適時にこれを提示する
ことが可能なように態勢を整えて保存することをしていなかったとい
うべきであり、同法 127 条 1 項 1 号に該当する事実があるものとい
うことができる。

したがって、原告については、本件調査において帳簿書類の提示を
求められていた平成 17 年 12 月期にさかのぼって、法人税に係る青
色申告の承認の取消しの対象となる。

② 　原告については、本件調査において帳簿等の提示を求められていた

> 平成19年12月課税期間から平成21年12月課税期間までの各課税
> 期間につき、消費税法30条1項の仕入税額控除の規定は適用されな
> いものというべきである。

　法令解釈では、「検査に適時にこれを提示することが可能なように態
勢を整えて当該帳簿書類を保存していなかった場合」とあります。この
事案のように、調査に際し様々ないきさつがあるとしても、調査を拒み
続け提示しなかったのは事実ですので、法令解釈をそのまま当てはめれ
ば、処分は適法といえるでしょう。

　このような判断により、納税者の請求は斥けられました。

### (2)　平成26年3月27日東京高裁

　続く高裁では、W社側は、主張の追加をしています。そこでは、担当
職員は帳簿書類の提示を求めたことはなく、調査に応じるか否かの回答
を要請したにすぎず、これらは行政指導であり、また、仕入税額控除を
否認することは、二重課税の制裁を容認することになり、租税法律主義
(憲法84条)に反するとしています。しかし、東京高裁は、原判決の「第
5　当裁判所の判断」に説示するとおりとしています。

### ＜法令解釈部分の判断＞

　原判決「事実及び理由」欄の「第5　当裁判所の判断」に説示すると
おりであるから、これを引用する。

### ＜事実認定を法令解釈に当てはめる＞

　本件調査担当者らは、少なくとも平成22年6月以降控訴人に対し繰
り返し帳簿書類の提示を求めているところ、このような帳簿書類の提示
の求めが法人税法153条及び消費税法62条1項に基づく質問検査権
の行使と認められること、控訴人がこれに応じなかったことをもって法

人税法 127 条 1 項 1 号及び消費税法 30 条 7 項該当性を認め得ること
は、上記引用に係る原判決理由説示のとおりである。なお、控訴人は、
本件各通知書末尾に「この文書による行政指導の責任者は上尾税務署長
です。」と記載されていることを根拠に、同通知書による帳簿書類提示
の求めは行政指導として行われたものであると指摘するけれども、上記
記載は、通知の主体を定型的な表現で付記したものと認められるから、
帳簿書類提示の求めを質問検査権の行使と認める妨げとなるものではな
く、同年 6 月 23 日付け以降の各通知書の本文においては、帳簿書類の
提示がない場合には、法人税に係る青色申告の承認の取消し及び消費税
に係る仕入税額控除の不適用という不利益が生ずることも記載している
のであるから、これを単なる任意の履行を要請する趣旨とみることはで
きない。

## ＜結論＞

原判決は相当であり、本件控訴は理由がないから、これを棄却する。

　東京高裁では、法令解釈の判断すらしていません。追加主張の判断の
み行っていることがわかります。その後、納税者は最高裁に上告と上告
受理申立てを行っています。

### (3)　平成 27 年 4 月 17 日最高裁

　最高裁の判断は、判決書を読んでもおわかりのように、主文で、上告
棄却、上告審として受理しないということと、訴訟費用負担が書かれて
いるのみです。実質的な判断としては、高裁までとなります。
　このようにして、この事案は、納税者であるW社の主張は認められる
ことなく、終わることとなりました。

## 5　分析してみる

　最後にこの裁判の分析をしてみます。

　法令解釈としては、平成16年12月20日最高裁判決（上記3⑵②）での滝井繁男裁判官の反対意見のように条文には「保存」としか記載されていないのだから、「現状維持のまま保管するという通常その言葉の持っている意味を超えて、税務調査における提示の求めに応ずることまで含ませなければならない根拠を見出すことはできない」という解釈の方が、拡大解釈しないという観点からは正しいように思えます。

　ただ、一方で、なぜ帳簿書類を保存するのかという目的という点からみると、最高裁の判断は誤りであるとまではいえません。

　むしろ、この法令解釈の正しさや誤りを考えるよりも、税務調査における調査担当職員と納税者及び税理士などの紛争に、上記の法令解釈を当てはめて処分を行うということの方が問題ではないかと思います。この判決書を読んでそのように感じずにはいられませんでした。

　第一審の東京地裁の判決書に「消費税については仕入税額控除が否認されて約6,000万円の納税義務が生じる」との記述がありました。税務大学校のウェブサイトの税務訴訟資料にある同判決書には、別表が添付されています。別表2と3はそれぞれW社が受けた法人税と消費税の課税処分等がまとめられています。別表によると、W社がこれら処分により納付することとなる消費税は、平成19年12月課税期間から平成21年12月の課税期間で本税が約5,384万円、過少申告加算税が約771万円となっているのがわかります。

　租税訴訟の際には、処分の対象となった本税については納付することが多いです。これは訴訟期間に発生する延滞税を考慮してのことです。この事案でこれらを納付したのかどうかは判決書からは確認できませんが、敗訴が確定したということは、それらを納めなければなりません。

　この事案の調査の経緯をみてみると、担当職員も帳簿が保存してある

段ボール箱を確認しています。ただ、それを開けて帳簿を取り出し、調査を行えば済んだことだったかもしれません。それに対する担当職員の「取り出して提示しなかった」という言葉もどうなのだろうかと思います。

　これら処分によりW社が納めなければならない消費税額や加算税の額をみてもわかるように、W社が受けた経済的損失は非常に大きなものであり、この最高裁判決後、W社は廃業しています。以前この訴訟を担当した弁護士の方のお話を聞く機会がありました。その方はこの訴訟を振り返り、「W社を救えなかった」とおっしゃっていたのが非常に印象的でした。

　この裁判は悲しい結果です。しかし、近年も同様の事案が起きています。こういう事案は繰り返してはいけないと思います。

## 事案2 役員退職給与の分割支給事件

なぜ課税庁と税理士は通達の解釈を誤り、
裁判所は認めたのか。

　税理士などの実務家の間で、まさに都市伝説といえるような実務指針が出回っていることもあります。特に役員退職給与などはその傾向が強いように思います。例えば、「代表者の役員退職給与の功績倍率は3.0ぐらいなら大丈夫だろう」なんていわれますが、どこにもそれでOKだという確証はないわけです。そのような都市伝説は、この税理士業界ではいくつかあります。そして、この裁判で問題となった通達の解釈も、その一つでした。

## 1　紹介する裁決と判決

① 平成 24 年 3 月 27 日公表裁決

　　裁決結果：棄却／裁決番号：関裁（法・諸）平 23-69 ／出典：裁決事例集 86 集

② 平成 27 年 2 月 26 日（変更判決平成 27 年 3 月 3 日）東京地裁

　　裁判結果：一部認容・確定／事件番号：平成 24 年（行ウ）第 592 号／出典：税務訴訟資料 265 号順号 12613

　①の裁決については、現在は、国税不服審判所のウェブサイトで裁決要旨のみ検索できます。②の判決については、税務大学校のウェブサイト（税務訴訟資料／課税関係判決）にて閲覧可能です。

## 2　判決の概要

　A 社（8 月決算法人）の創業者であり代表取締役であった乙は、平成 19 年 8 月 31 日に代表取締役を辞任して非常勤取締役となりました。この分掌変更に伴い A 社は乙に対し退職慰労金として 2 億 5,000 万円を支給することを決定しましたが、同日には、その一部である 7,500 万円を、平成 20 年 8 月 29 日に 1 億 2,500 万円を支払いました。会社の経理処理は、7,500 万円は平成 19 年 8 月期の損金の額に算入していましたが、残額を未払金などとして処理せず、平成 20 年に支給した 1 億 2,500 万円については、平成 20 年 8 月期の損金の額に算入して処理をしていました。なお、残額である 5,000 万円は、平成 21 年 8 月に支給予定でしたが、まだ支給はありません。分割支給とした経緯については、一括支給するだけの資金の余裕はないものの、3 年以内であれば、退職慰労金を支給するために新規借入れをすることなく、経常収支が赤字とならない範囲で支給することができるものと考えていたからでした。

　なお、Ａ社はこの退職慰労金の支給に際し、税務調査時まで株主総会議事録等は作成していませんでしたが、平成 19 年 8 月 10 日に「退職慰労金の計算」と題する計算書のみ作成していました。

　平成 22 年 4 月に所轄税務署職員による税務調査が行われ、平成 20 年 8 月 29 日に支給された 1 億 2,500 万円（以下「第二金員」といいます）については、退職給与に該当せず、損金の額に算入できないとして法人税の更正処分等及びこの支給額は賞与である旨の源泉所得税の納税告知処分等が行われました。

　この事案の争点は、第二金員が所得税法上の退職所得並びに法人税法上の退職給与に該当するかとなっています。なぜ、2 つの税目の退職給与該当性が争われたのかというと、課税庁からの処分が、役員退職給与が損金の額に算入できないとした法人税の更正処分（法人税法上の退職給与該当性）と源泉所得税の納税告知処分（給与所得か退職所得か）がなされたためと思われます。


## 3　判決書を読む前に

　ここでは、まず、争点に沿って所得税法上の退職所得と法人税法上の役員退職給与について確認し、次に法人税基本通達 9 − 2 − 28 の解釈とこの判決の裏側について触れたいと思います。

### (1)　所得税法上の退職所得と法人税法上の役員退職給与について

　退職給与については、所得税法 30 条に、法人税法 34 条に規定があります。それぞれは、下記のような条文となっています。

**（参考1）所得税法 30 条1項**
（退職所得）
第 30 条　退職所得とは、退職手当、一時恩給その他の退職により一時に受ける給与及びこれらの性質を有する給与（以下この条において「退職手当等」という。）に

係る所得をいう。

（以下略）

**（参考2）法人税法 34 条 1 項**

（役員給与の損金不算入）

第34条　内国法人がその役員に対して支給する給与（退職給与で業績連動給与に該当しないもの、使用人としての職務を有する役員に対して支給する当該職務に対するもの及び第3項の規定の適用があるものを除く。以下この項において同じ。）のうち次に掲げる給与のいずれにも該当しないものの額は、その内国法人の各事業年度の所得の金額の計算上、損金の額に算入しない。

　一～三　省略

2　内国法人がその役員に対して支給する給与（前項又は次項の規定の適用があるものを除く。）の額のうち不相当に高額な部分の金額として政令で定める金額は、その内国法人の各事業年度の所得の金額の計算上、損金の額に算入しない。

（以下略）


　まず、所得税法上の退職所得についてですが、昭和58年9月9日最高裁判決（昭和53年（行ツ）第72号／民集37巻7号962頁）でその要件が明示されています。最高裁は、「ある金員が、右規定にいう『退職手当、一時恩給その他の退職により一時に受ける給与』にあたるというためには、それが、(1)退職すなわち勤務関係の終了という事実によつてはじめて給付されること、(2)従来の継続的な勤務に対する報償ないしその間の労務の対価の一部の後払の性質を有すること、(3)一時金として支払われること、との要件を備えることが必要であり、また、右規定にいう『これらの性質を有する給与』にあたるというためには、それが、形式的には右の各要件のすべてを備えていなくても、実質的にみてこれらの要件の要求するところに適合し、課税上、右『退職により一時に受ける給与』と同一に取り扱うことを相当とするものであることを必要とすると解すべきである」としています。つまり、退職基因要件、労務対価要件並びに一時金要件の3つの要件が基準となるということです。

　一方、法人税法上では、法人税法34条1項で役員給与について、定期同額給与・事前確定届出給与・業績連動給与に該当する場合には、損

金算入が認められ、いわゆる退職給与などについては、2項の不相当に
高額な部分は損金の額に算入しないという規定となっています。では、
今回のような分掌変更時の役員退職給与については、どうなっているの
でしょうか。ここで登場するのが法人税基本通達の規定です。

### ⑵　2つの法人税基本通達の規定

　一つは、役員の分掌変更等について規定した法人税基本通達9－
2－32です。もう一つは、今回争点の一つとなった同通達9－2－
28の損金算入時期についての規定です。

**（参考1）法人税基本通達9－2－28**
（役員に対する退職給与の損金算入の時期）
9－2－28　退職した役員に対する退職給与の額の損金算入の時期は、株主総会の
　決議等によりその額が具体的に確定した日の属する事業年度とする。ただし、法
　人がその退職給与の額を支払った日の属する事業年度においてその支払った額に
　つき損金経理をした場合には、これを認める。

**（参考2）法人税基本通達9－2－32**
（役員の分掌変更等の場合の退職給与）
9－2－32　法人が役員の分掌変更又は改選による再任等に際しその役員に対し退
　職給与として支給した給与については、その支給が、例えば次に掲げるような事
　実があったことによるものであるなど、その分掌変更等によりその役員としての
　地位又は職務の内容が激変し、実質的に退職したと同様の事情にあると認められ
　ることによるものである場合には、これを退職給与として取り扱うことができる。
　⑴　常勤役員が非常勤役員（常時勤務していないものであっても代表権を有する
　　者及び代表権は有しないが実質的にその法人の経営上主要な地位を占めている
　　と認められる者を除く。）になったこと。
　⑵　取締役が監査役（監査役でありながら実質的にその法人の経営上主要な地位
　　を占めていると認められる者及びその法人の株主等で令第71条第1項第5号
　　《使用人兼務役員とされない役員》に掲げる要件の全てを満たしている者を除
　　く。）になったこと。
　⑶　分掌変更等の後におけるその役員（その分掌変更等の後においてもその法人
　　の経営上主要な地位を占めていると認められる者を除く。）の給与が激減（おお
　　むね50%以上の減少）したこと。
　（注）　本文の「退職給与として支給した給与」には、原則として、法人が未払金
　　等に計上した場合の当該未払金等の額は含まれない。

　問題となるのは、法人税基本通達9−2−28の解釈です。冒頭でお話ししました都市伝説の部分はこちらです。この通達は2つの文章で構成されています。一つは、株主総会の決議等によりその額が具体的に確定した日の属する事業年度に退職給与を損金の額に算入するということです。この事案でいえば、平成19年8月期に未払金として計上する方法といえます。

　もう一つは、退職給与を支払った事業年度に、損金経理をすれば損金算入を認めるということです。ここだけ読めば、この事案でも第二金員は、支給した事業年度に損金の額に算入しているので、何も問題ないのではないかと思われるかもしれません。しかし、通達の文言をよく読んでください。「退職した役員」と書いてあります。つまり、分掌変更の場合には、その方は、完全にその会社から退職したわけではありませんので、このただし書は分掌変更時には、適用しないというのが、実務においての通達解釈でした。

　この通達解釈は、判決書にて被告である国の主張にも記されており、おそらく、税理士をはじめ、多くの実務家がそう思っていたはずです。それについて、通達の解釈を明示したのがこの裁判でした。

### ⑶　この判決の裏側について

　この事案では、裁決が公表されており、判決は、税務大学校のウェブサイトにある税務訴訟資料にて読むことができます。このように、裁決から判決まで通して読むと、思わぬ発見があります。

　公表裁決の場合、最初に《ポイント》があり、次に《要旨》で、請求人がどういう主張をし、それに対し国税不服審判所がどのような判断を行ったのかが簡潔にまとめられています。この事案の公表裁決の要旨では、「本件における退職慰労金については、株主総会議事録や取締役会議事録が存在せず、請求人が主張する資金需要を認めるに足りる具体的な資料もない上、一部支払われた後の退職慰労金の残額については支払

時期やその支払額を具体的に定めず漠然と３年以内とされており、請求人の決算の状況を踏まえて支払がされていることがうかがえることからすると、本件金員をその支払日の属する事業年度において損金算入を認めた場合には、請求人による恣意的な損金算入を認める結果となり、課税上の弊害があるといわざるを得ない」（出典：TAINS ／ TAINS コード：J86 － 3 － 18）としています。

　つまり、退職慰労金の支給を決めたとする株主総会議事録や取締役会議事録といった証拠書類が存在していなかったということになります。確かに、このような立証する資料がないというのは致命傷です。法人税基本通達９－２－28 でも「株主総会の決議等によりその額が具体的に確定した日の属する事業年度とする」とありますので、そのような決議があったことすら証明できていないのであれば、この通達の規定を主張するのは大変難しいです。実務的には、こういう時にはきちんと書類は作成しているはずなのですが。

　一方、裁判では、一転、株主総会を開催した証拠として、役員の手帳と株主総会議事録が証拠として提出されます（「第3　当事者の主張」の１「(1)　被告の主張」より）。これはどういうことでしょうか。つまり、審査請求の際には存在しなかった株主総会議事録が、その後作成され、東京地裁には、なんとそれが証拠として提出されたことになります。ちょっと驚きですね。それについて、東京地裁はどう判断したのでしょうか。

## 4　判決書を読んでみる

　この事案の裁決・判決を読むポイントは３つあります。一つは所得税法上の退職所得と法人税法上の役員退職給与の判断について、そして２つの法人税基本通達とその通達解釈について、最後に後出しで証拠として出された議事録の取扱いについてです。これらをポイントとしてみて

いきます。

## (1)　平成 24 年 3 月 27 日公表裁決

### ＜法令解釈部分の判断＞

① 　法人税基本通達 9－2－32 は、法人が役員の分掌変更等に際しその役員に対し退職給与として支給した給与について、その支給が、例えば常勤役員が非常勤役員になったことなど、その分掌変更等によりその役員としての地位又は職務の内容が激変し、実質的に退職したと同様の事情にあると認められることによるものである場合には、これを退職給与として取り扱うことができる旨定めている。この定めは、役員の分掌変更により実質的に退職したと同様の事情にあると認められるときは、多くの企業で実質的に退職とみて退職給与を支給する慣行があることから、このような企業実態に配慮して、一定の要件の下に退職給与として損金算入することを認める旨の特例を定めたものであり、当審判所においても相当と認められる。

② 　そして、退職によらない役員退職給与の損金算入を例外的に認める本件通達は、恣意的な損金算入などの弊害を防止する必要性に鑑み、いたずらにその適用範囲を広げるべきではなく、原則として、法人が実際に支払ったものに限り適用されるというべきであって、その法人の資金繰り等の都合による場合など当該分掌変更等の時に当該支給がされなかったことが真に合理的な理由によるものである場合に限り、例外的に適用されるというべきである。

### ＜事実認定を法令解釈に当てはめる＞

① 　本件役員は、分掌変更により請求人の代表権を有しなくなるとともに、非常勤取締役として実質的にも請求人の経営に直接関与しなくなったことが認められ、その報酬額もおおむね 50％以上減額されていることが認められることからすると、本件分掌変更は、通達に定め

る実質的に退職したと同様の事情がある場合に当たると認めることができる。

② しかしながら、第二金員は、分掌変更から1年近くを経て支給されたものであり、分掌変更の時に支給された金員とはいえない。そこで、分掌変更の時に当該支給がされなかったことが合理的な理由によるものであるかどうかについてみると、平成19年8月末における現金及び預金の残高のみでは退職慰労金の全額を支給できる状況にはなかったことがうかがえるものの、請求人の代表取締役は、第二金員の支給時期に関する事情について、当座貸越額に余裕はあるものの、先行して資金需要があるなどの資金繰りの事情によるものである旨説明するにとどまり、退職慰労金に関する株主総会議事録や取締役会議事録が存在せず、請求人が主張する資金需要を認めるに足りる具体的な資料もない。以上の事実及び証拠からすると、本件分掌変更から、請求人の役員退職慰労金規程で定められた支給期限である2か月を大幅に経過する1年後に第二金員が支払われることとなった事情やその支払額の決定に関する経緯が明らかでないというほかはない。かえって、本件退職慰労金の総額に関する株主総会議事録又は取締役会議事録は存在せず、計算書においては、「平成19年8月末日　7,500万円　平成20年8月以降　残額とする（3年以内）」と、第一金員を除く退職慰労金について支払時期やその支払額を具体的に定めずに漠然と3年以内とされており、退職慰労金の支払に関しては、請求人の決算の状況を踏まえて支払がされていることがうかがえることからすると、本件第二金員をその支払日の属する事業年度において損金算入を認めた場合には、請求人による恣意的な損金算入を認める結果となり、課税上の弊害があるといわざるを得ない。

## ＜結論＞

以上によれば、本件分掌変更の時に第二金員が支払われなかったこと

が合理的な理由によるものであると認めるに足りる証拠はなく、第二金員を本件通達の定めに基づき退職給与として取り扱うことはできないというべきである。

（出典：TAINS／TAINSコード：J86－3－18）

　国税不服審判所においては、もっぱら法人税基本通達9－2－32の規定に合致しているかどうかのみの判断となりました。ここでは分掌変更の時に当該支給がされなかった合理的な理由が存在するのかどうかが検討されましたが、やはり証拠となる議事録等が残っていなかったことが重要視されていたことがわかります。国税不服審判所は上記の判断により、法人税法上は損金の額に算入せず、所得税法上も臨時的な給与つまり賞与であるとして、源泉所得税は、所得税法186条《賞与に係る徴収税額》の規定に基づき徴収するとしました。なお、この裁決は公表裁決ですが、現在は国税不服審判所のウェブサイトには要旨のみが掲載されています。

　一方で、東京地裁はどのような判断をしたのでしょうか。

## ⑵　平成27年2月26日（変更判決平成27年3月3日）東京地裁
### ＜法令解釈部分の判断＞

①　法人税法は、「退職給与」について、特段の定義規定は置いていないものの、同法34条1項が損金の額に算入しないこととする給与の対象から役員退職給与を除外している趣旨に鑑みれば、同項にいう退職給与とは、役員が会社その他の法人を退職したことによって初めて支給され、かつ、役員としての在任期間中における継続的な職務執行に対する対価の一部の後払いとしての性質を有する給与であると解すべきである。そして、役員の分掌変更又は改選による再任等がされた場合において、例えば、常勤取締役が経営上主要な地位を占めない非常勤取締役になるなど、役員としての地位又は職務の内容が激変し、

実質的には退職したと同様の事情にあると認められるときは、上記分掌変更等の時に退職給与として支給される給与も、従前の役員としての在任期間中における継続的な職務執行に対する対価の一部の後払いとしての性質を有する限りにおいて、同項にいう「退職給与」に該当するものと解することができる。

② 　法人税基本通達９－２－28 は、役員に対する退職給与の損金算入の時期につき、その本文において、株主総会の決議等によりその額が具体的に確定した日の属する事業年度とした上で、そのただし書において、退職給与の額を支払った日の属する事業年度においてその支払った額につき損金経理をした場合には、これを認める旨を定めている。本件通達ただし書は、昭和 55 年の法人税基本通達の改正により設けられたものであるが、その趣旨は、㈠事業年度の中途において、役員が病気や死亡等により退職したため、取締役会等で内定した退職給与の額を実際に支給するものの、当該退職給与に係る株主総会等の決議が翌事業年度に実施されるという場合において、原則的な取扱いにより支給時の損金算入を認めないとすることは、役員に対する退職給与の支給の実態から見て相当ではなく、また、㈡株主総会の決議等により退職給与の額を定めた場合においても、役員であるという理由で、短期的な資金繰りがつくまでは実際の支払をしないということも、企業の実態として十分あり得ることであり、このような場合においても、原則的な取扱いにより支給時の損金算入を認めないとするのは、企業の実情に反することから、法人が、役員に対する退職給与の額につき、これを実際に支払った日の属する事業年度で損金経理することとした場合には、税務上もこれを認めることとしたものであると解される。

③ 　法人税法 34 条１項にいう「退職給与」とは、役員が会社その他の法人を退職したことによって初めて支給され、かつ、役員としての在任期間中における継続的な職務執行に対する対価の一部の後払いとし

ての性質を有する給与であると解すべきであり、役員としての地位又
は職務の内容が激変し、実質的には退職したと同様の事情にあると認
められる場合に退職給与として支給される給与も、上記「退職給与」
に含まれるものと解すべきである。そうである以上、本件通達におけ
る「退職した役員」、「退職給与」といった文言についても、実質的に
は退職したと同様の事情にあると認められる場合をも含むものと解す
べきであることは明らかである。

### ＜事実認定を法令解釈に当てはめる＞

① 本件役員は、分掌変更の前後を通じて原告の取締役の地位にはある
ものの、分掌変更により、原告の代表権を喪失し、非常勤となって、
その役員報酬額も半額以下とされたのであり、分掌変更によって、原
告を一旦退職したのと同視できる状況にあったということができる。
そして、原告は、㈎株主総会において、本件役員に対し、分掌変更に
伴う退職慰労金（おおむね２億円ないし３億円を目安とする。）を支
給することとして、その支給金額等の詳細は取締役会が決定すること
を決議し、㈏総会決議を受けた取締役会において、本件役員に対する
退職慰労金を２億5,000万円とし、これを分割支給すること等を決
議して、㈐本件役員に対し、退職慰労金の一部として、平成19年8
月31日に7,500万円を、平成20年8月29日に1億2,500万円を、
それぞれ支給したのであり、これらの事実経緯に鑑みれば、本件第二
金員は退職基因要件を満たしているというべきである。
② 原告は、退職慰労金規程において、㈎退任時の報酬月額、㈏役員在
任年数、㈐最終役位係数を基礎として、役員退職慰労金を算定する旨
を定めているところ、本件退職慰労金が退職慰労金規程に基づいて算
定されたものであることは、計算書の記載内容からも明らかである。
そして、退職慰労金が、原告における役員在任期間等を勘案して算定
されたものであることに鑑みれば、本件退職慰労金が本件役員に対す

る報酬の後払いとしての性質を有しているものと解することができるから、本件退職慰労金は、労務対価要件を満たしているというべきである。

③　原告は、平成19年8月、本件退職慰労金を3年以内に支給する旨の取締役会決議をしており、同月及び平成20年8月に本件各金員が支払われた事実に照らしても、本件退職慰労金が年金の形式で定期的、継続的に支給されるものに当たらないことは明らかである。以上によれば、本件第二金員は、一時金要件を満たしているというべきである。

④　本件退職慰労金は、分掌変更に伴う退職慰労金として支給することが決議されたものであるから、本件退職慰労金が分掌変更によって初めて支給されるものであることは明らかであり、また、本件退職慰労金が退職慰労金規程に基づいて支給されたものであることに鑑みれば、第二金員が従前の役員としての在任期間中における継続的な職務執行に対する対価の一部の後払いとしての性質を有していることも明らかである。本件第二金員は、法人税法上の「退職給与」に該当するというべきである。

⑤　原告は、法人税基本通達9-2-28ただし書に依拠して、第二金員を平成20年8月期の損金に算入するという会計処理を行っているところ、支給年度損金経理は、企業が役員退職給与を分割支給した場合に採用することのある会計処理の一つであり、多数の税理士等が、本件通達ただし書を根拠として、支給年度損金経理を紹介しているのであって、本件通達ただし書が昭和55年の法人税基本通達の改正により設けられたものであり、これに依拠して支給年度損金経理を行うという会計処理は、相当期間にわたり、相当数の企業によって採用されていたものと推認できることをも併せ考えれば、支給年度損金経理は、役員退職給与を分割支給する場合における会計処理の一つの方法として確立した会計慣行であるということができる。

⑥　原告は、平成19年8月当時において、株主総会及び取締役会に係

る議事録を作成していないが、原告が同族会社であり、原則として株主総会等の議事録を作成していなかったことに鑑みれば、開催当時に作成した議事録が存在しないからといって、本件株主総会及び取締役会が開催されなかったということはできない（なお、原告の株主が本件役員及びその親族の僅か4人であることに照らせば、本件役員が親族との食事会における話合いの結果をもって、原告の株主総会としての決議としたことが特段不自然、不合理であるということはできず、株主全員による決議であることに照らせば、その有効性にも特段問題はない。）。

### ＜結論＞

本件第二金員を平成20年8月期の損金に算入するという会計処理は、公正処理基準に従ったものということができる。以上によれば、本件第二金員を平成20年8月期の損金に算入することができるというべきである。

## 5　分析してみる

所得税法上の退職所得については、昭和58年9月9日の最高裁判決により、退職基因要件、労務対価要件、一時金要件の3要件を満たしているのかを考慮し、全てを満たすとして退職所得であると判断しました。

次に、法人税法上の役員退職給与該当性については、法人税法34条1項より退職給与には分掌変更も含まれるとして、第二金員も退職給与であるとしました。そして、損金算入時期については、まず、法人税基本通達9－2－28のただし書にいう「退職した役員」という文言については、完全退職のみならず、分掌変更も含まれると示しました。さらに、この通達により退職給与を分割支給した事業年度に損金の額に算入する処理も会計処理の一つの方法として確立した会計慣行、つまり公正

処理基準に従ったものであるとした上で、第二金員を平成 20 年 8 月期の損金の額に算入する会計処理は適法であるとしました。

　法人税基本通達 9 － 2 － 28 ただし書の解釈については、この判決を読むと確かにそうだと思います。しかし、この判決が出される以前は、実務家の間では分掌変更の場合には、該当しないとの解釈がなされていたので、実務上、異なる解釈をすることはなかなかできませんでした。この事案で改めて、自分で考え解釈することの大切さに気づかされました。

　最後に、議事録についてですが、ここの部分だけ切り取って、「議事録をもし作成していなくても、調査が始まってから、裁判になってから作成しても、認められるんだね」と思われた方がこの判決後にいらっしゃったと聞いています。しかし、この判決は、そのようなことを言っているのではないと思います。

　株主総会のくだりは、判決書の「第 4　当裁判所の判断」の「1　認定事実」の「(2)　本件分掌変更に至る経緯等」に記載があります。ここでは、乙の誕生日を祝うために、乙の自宅に集まった際に、代表取締役を辞任して、非常勤取締役になる旨の話をし、退職慰労金の目安など決め、詳細は取締役会にて話し合うというところを決めていました。株主が乙とその妻、2 人の子供らという株主構成であれば、このような形での株主総会も頭ごなしに無効であるとはいえないでしょう。判決書でも「開催当時に作成した議事録が存在しないからといって、本件株主総会及び本件取締役会が開催されなかったということはできない」としています。

　しかし、だからといって後で作成しても大丈夫とまではいえません。裁決書を読んでもわかるように、本来作成されて然るべき書類を作成していないということは、納税者側の主張立証には致命傷です。この事案も、当初の税務調査時にその書類があれば、調査担当職員に疑念を抱かせることもなかったでしょう。

　以前、この訴訟を担当された代理人弁護士の方にお話を聞く機会がありました。この議事録部分については、依頼人から株主総会は行っていたが、議事録は作成していなかったとの話があったので、それでは作成してはどうかと提案したとおっしゃっていました。これは、あくまでも、結果的に認められて事なきを得ただけの話で、税理士がこの判決書を読んで、後出しでも大丈夫なんだと楽観視するものではないと思います。なお、この事案は、東京地裁で確定しています。

　最後に、この判決書を読んでいくと、他にもいくつか発見することがあります。

　２億5,000万円の退職慰労金について、当初より顧問税理士は、高額であり、税務調査の対象とされる可能性はあるとの指摘をしていたことや、税務調査時に、担当職員から退職慰労金の金額を自主的に見直すことを促されていて、退職慰労金を減額して、総額２億2,000万円にする旨を決めた減額取締役会決議をしていたことなどです。つまり、当初は、調査担当職員は過大役員退職給与での更正処分を検討していたことがうかがえますが、最終的には、「本件担当係官は、同年10月に上級庁から指摘を受けるまで、本件退職慰労金を分割支給することについて、特段の問題意識を有しておらず…」との記載があり、他からの指摘により争点を分割支給に切り替えた経緯がわかります。

　東京地裁は、一部認容の判断としましたが、もし、過大役員退職給与で争っていたら、また違った結果となったでしょう。その際には、通達の解釈基準も示されず、今でも「分掌変更時には、分割支給は認められない」という都市伝説がそのまま生きていたかもしれません。

◆　　　　　　◆

　判決の裏側を読み取ると、いろいろな気づきがあります。最初に紹介した調査の違法と仕入税額控除否認事件などは、法令解釈のみを租税訴

訟で追い求めている方は、目にする機会もないものかもしれません。しかし、法令解釈を追い求めるだけでなく、その事例の背景にまで目を向けてほしいと思っています。また、訴訟代理人弁護士などの方が雑誌や書籍で裁判について記しているものもありますので、積極的に読んでみると、訴訟の違った一面に気づくことができると思います。

## 第3節 ┃ 時には批判的に読む

　判決や裁決は、全てが正しいものでしょうか。いえ、そんなことはありません。現に、上級審である高裁で、地裁と違う判断がなされる場合もありますし、最高裁において高裁の判断を斥け、結果的に地裁と同様の判断がされるということもあります。

　そのため、判決書などを読む際には、「なぜ、この判断になったのだろうか」と考えながら読むことが大事です。常に問題意識を持って読む。そうすることで、今まで気づかなかった税法の問題点や課題を見つけることができるでしょう。

　では、早速、判決を読んでみましょう。

### 事案1 オーナー社長が行った法人に対する非上場株式の低額譲渡

> 租税訴訟の最後の砦は、やっぱり最高裁

　納税者が勝訴した判決が出ると嬉しい気持ちになることも多い反面、それで本当によかったのだろうかという判決もあります。この事案は、地裁では国側の主張が認められましたが、高裁では一転、納税者の主張が認められました。ただ、高裁判決には疑問もあり、最終的には、最高裁の判断に委ねられました。

## 1　紹介する判決

①　平成 29 年 8 月 30 日東京地裁

　　裁判結果：却下、棄却／事件番号：平成 24 年（行ウ）第 185 号／出典：税務訴訟資料 267 号順号 13045

②　平成 30 年 7 月 19 日東京高裁

　　裁判結果：原判決一部取消し、却下／事件番号：平成 29 年（行コ）第 283 号／出典：税務訴訟資料 268 号順号 13172

③　令和 2 年 3 月 24 日最高裁

　　裁判結果：破棄差戻し／事件番号：平成 30 年（行ヒ）第 422 号

　いずれも裁判所のウェブサイト（行政事件裁判例集及び最高裁判所判例集）で検索可能です。

　①及び②は税務大学校のウェブサイト（税務訴訟資料／課税関係判決）で検索可能です。

## 2　判決の概要

　A 社の代表取締役であった戊（平成 19 年 12 月死亡）は、平成 19 年 8 月 1 日に保有していた A 社の株式のうち 72 万 5,000 株を B 社に対して 1 株 75 円（配当還元方式で計算）で譲渡しました。戊の相続人らは、戊の平成 19 年分の所得税の申告に際して、株式譲渡に係る譲渡所得の収入金額を譲渡対価と同じ 1 株 75 円で申告したところ、所轄税務署長から B 社に対する譲渡対価は、A 社株式の類似業種比準方式により計算した 1 株 2,505 円の 2 分の 1 に満たないから、B 社への株式譲渡は、所得税法 59 条 1 項 2 号の低額譲渡に当たるとして、所得税の更正処分及び過少申告加算税の賦課決定処分を受けたものです。

**＜概要図＞**

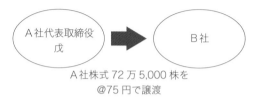

A社株式 72 万 5,000 株を
@75 円で譲渡

税務署→ 1 株 75 円（配当還元方式）＜ 1 株 2,505 円（類似業種比準方式）× $\frac{1}{2}$

## 3　判決書を読む前に

　判決書を読み始める前に、この事案の概要を読んだ段階で確認しておきたい事柄が2点あります。

① 　なぜ課税庁は低額譲渡といったのか。

② 　自分がこの戊さんの確定申告を担当したなら、譲渡所得の収入金額は 1 株 75 円で申告書を作成するか、それとも 1 株 2,505 円とするか。

それぞれについて、確認してみましょう。

### ⑴　なぜ課税庁は低額譲渡といったのか

　ここで、問題となっているのは、所得税法 59 条 1 項 2 号の「みなし譲渡」の規定です。これは、法人に対し著しく低い価額の対価（時価の 2 分の 1 に満たない）で譲渡を行った場合、時価により資産の譲渡があったものとみなす規定です。つまり、この裁判では、戊が株式を譲渡した際のA社の株式の時価がいくらであったかが問題となります。

　株式の時価は、A社がどんな会社であるかにより違ってきます。上場会社であれば、株式市場での価格がありますが、非上場会社であれば、株式の売買取引は頻繁に行われませんので、時価の算定が難しくなります。そこで、まずはA社がどのような会社かを調べます。

　判決書の「第2　事案の概要」の後に、「2 前提事実 ⑴ 関係者について ア Aについて」とあります。ここに「本件株式譲渡の時点にお

いて、Ａは、評価通達 178 に規定する『大会社』に、Ａの株式は、所得税基本通達 23 〜 35 共− 9 の⑷二の株式及び評価通達における『取引相場のない株式』に、それぞれ該当する」との記載があります。

　ここで、取引相場のない株式の評価に関する規定を思い出しましょう。下記は、取引相場のない株式の評価を定めた財産評価基本通達 188 です。

**（参考）財産評価基本通達 188**

（同族株主以外の株主等が取得した株式）

188　178《取引相場のない株式の評価上の区分》の「同族株主以外の株主等が取得した株式」は、次のいずれかに該当する株式をいい、その株式の価額は、次項の定めによる。

　⑴　同族株主のいる会社の株式のうち、同族株主以外の株主の取得した株式
　　　この場合における「同族株主」とは、課税時期における評価会社の株主のうち、株主の１人及びその同族関係者（法人税法施行令第４条《同族関係者の範囲》に規定する特殊の関係のある個人又は法人をいう。以下同じ。）の有する議決権の合計数がその会社の議決権総数の 30％以上（その評価会社の株主のうち、株主の１人及びその同族関係者の有する議決権の合計数が最も多いグループの有する議決権の合計数が、その会社の議決権総数の 50％超である会社にあっては、50％超）である場合におけるその株主及びその同族関係者をいう。
　⑵　中心的な同族株主のいる会社の株主のうち、中心的な同族株主以外の同族株主で、その者の株式取得後の議決権の数がその会社の議決権総数の５％未満であるもの（課税時期において評価会社の役員（社長、理事長並びに法人税法施行令第 71 条第１項第１号、第２号及び第４号に掲げる者をいう。以下この項において同じ。）である者及び課税時期の翌日から法定申告期限までの間に役員となる者を除く。）の取得した株式
　　　この場合における「中心的な同族株主」とは、課税時期において同族株主の１人並びにその株主の配偶者、直系血族、兄弟姉妹及び１親等の姻族（これらの者の同族関係者である会社のうち、これらの者が有する議決権の合計数がその会社の議決権総数の 25％以上である会社を含む。）の有する議決権の合計数がその会社の議決権総数の 25％以上である場合におけるその株主をいう。
　⑶　同族株主のいない会社の株主のうち、課税時期において株主の１人及びその同族関係者の有する議決権の合計数が、その会社の議決権総数の 15％未満である場合におけるその株主の取得した株式
　⑷　中心的な株主がおり、かつ、同族株主のいない会社の株主のうち、課税時期において株主の１人及びその同族関係者の有する議決権の合計数がその会社の

議決権総数の15％以上である場合におけるその株主で、その者の株式取得後の議決権の数がその会社の議決権総数の5％未満であるもの（(2)の役員である者及び役員となる者を除く。）の取得した株式

　この場合における「中心的な株主」とは、課税時期において株主の1人及びその同族関係者の有する議決権の合計数がその会社の議決権総数の15％以上である株主グループのうち、いずれかのグループに単独でその会社の議決権総数の10％以上の議決権を有している株主がいる場合におけるその株主をいう。

　取引相場のない株式の時価の算定には、Ａ社の株主構成、そして戊と戊一族の株式保有割合を知ることが重要です。

　判決書に掲載されているＡ社の株主構成の株式譲渡前と譲渡後の変化を図にまとめました。

### 図　Ａ社の株式保有状況

（株式譲渡前）

| 株主 | 保有割合 |
|---|---|
| 戊の同族株主グループ（うち戊の持株数割合） | 22.79％（15.88％） |
| C社 | 24.18％ |
| Ａ社研究会持株会 | 24.03％ |
| Ａ社従業員持株会 | 25.16％ |
| その他個人株主 | 3.84％ |

（株式譲渡後）

| 株主 | 保有割合 |
|---|---|
| 戊の同族株主グループ（うち戊の持株数割合） | 14.91％（8％） |
| B社 | 7.88％ |
| C社 | 24.18％ |
| Ａ社研究会持株会 | 24.03％ |
| Ａ社従業員持株会 | 25.16％ |
| その他個人株主 | 3.84％ |

　譲渡前の株主構成を見てみましょう。Ａ社は、財産評価基本通達188の規定にあてはめると30％以上の議決権を有する株主等がいない「同族株主のいない会社」となります。つまり、財産評価基本通達188(1)と(2)には該当しなくなります。

　さらに、戊の持株割合が15％以上となっていることから同通達188(3)と(4)にも該当しないことになります。そうすると、同通達178と179の「取引相場のない株式の評価の原則」に戻り、株式の評価は、

原則的評価方式である類似業種比準価額によることになります。

　課税庁は、財産評価基本通達をもとに、Ａ社株式の時価を類似業種比準方式で計算した1株2,505円とし、今回の譲渡価額である1株75円は、「著しく低い価額」であると判断したものと考えられます。

　ここで、譲渡前の株主構成で判断した理由は、所得税基本通達59－6(1)において「財産評価基本通達188の(1)に定める『同族株主』に該当するかどうかは、株式を譲渡又は贈与した個人の当該譲渡又は贈与直前の議決権の数により判定すること」とあるからです。

　下記は、本事案の係争当時の所得税基本通達59－6です。なお、同通達は、本事案の最高裁判決を受けて、令和2年8月28日（課資4－2、課審7－13）に改正されています。

### （参考）所得税基本通達59－6

（株式等を贈与等した場合の「その時における価額」）

59－6　法第59条第1項の規定の適用に当たって、譲渡所得の基因となる資産が株式（株主又は投資主となる権利、株式の割当てを受ける権利、新株予約権（新投資口予約権を含む。以下この項において同じ。）及び新株予約権の割当てを受ける権利を含む。以下この項において同じ。）である場合の同項に規定する「その時における価額」とは、23～35共－9に準じて算定した価額による。この場合、23～35共－9の(4)ニに定める「1株又は1口当たりの純資産価額等を参酌して通常取引されると認められる価額」とは、原則として、次によることを条件に、昭和39年4月25日付直資56・直審(資)17「財産評価基本通達」（法令解釈通達）の178から189-7まで《取引相場のない株式の評価》の例により算定した価額とする。

(1)　財産評価基本通達188の(1)に定める「同族株主」に該当するかどうかは、株式を譲渡又は贈与した個人の当該譲渡又は贈与直前の議決権の数により判定すること。

(2)　当該株式の価額につき財産評価基本通達179の例により算定する場合（同通達189-3の(1)において同通達179に準じて算定する場合を含む。）において、株式を譲渡又は贈与した個人が当該株式の発行会社にとって同通達188の(2)に定める「中心的な同族株主」に該当するときは、当該発行会社は常に同通達178に定める「小会社」に該当するものとしてその例によること。

(3)・(4)　省略

⑵　**自分がこの戊さんの確定申告を担当したなら、譲渡所得の収入金額は1株75円で申告書を作成するか、それとも1株2,505円とするか**

　自分がこの戊さんの確定申告を担当した場合、譲渡所得の収入金額はどちらで計算しますか。多くの税理士は、1株2,505円とするのではないでしょうか。その理由として下記3点を挙げることができます。

①　今回の事案は、所得税に関するものですが、取引相場のない株式の時価は、実務では財産評価基本通達の規定を適用して計算します。課税庁も今回、財産評価基本通達をもとにして、A社株式の時価を1株2,505円としています。所得税法59条1項2号により1株75円では低額譲渡となるために、譲渡所得の計算においては1株2,505円を収入金額とします。

②　配当還元方式を使用できるのは、株式を所有していても経営権はなく、配当期待権しかない場合です。今回の戊は、代表取締役であり、経営権も有していたので配当還元方式では評価できないと考えられます。

③　譲渡所得課税の趣旨は、昭和43年10月31日最高裁判決（昭和41年（行ツ）第8号／集民92号797頁）により「資産の値上りによりその資産の所有者に帰属する増加益を所得として、その資産が所有者の支配を離れて他に移転するのを機会に、これを清算して課税する」とされています。その趣旨からすると、会社に対する直接の支配力を有していた代表者戊が所有していた株式が配当還元方式により評価されると、資産の値上りによりその資産の所有者に帰属する増加益を正確に把握することが果たしてできるのでしょうか。

## 4　判決書を読んでみる

　では、ここからは、実際の判決書を読んで、どのような判断がなされ

たのか確認しましょう。まず、東京地裁の判決書からみてみます。

### ⑴　平成 29 年 8 月 30 日東京地裁

　判決書をみると、争点が 2 つあることがわかります。

①　本件株式譲渡が所得税法 59 条 1 項 2 号の低額譲渡に当たるか

②　本件各更正処分等により原告乙らがそれぞれ納付すべき税額についての被告の主張変更の当否

　このうち②は、原告乙らつまり戊の相続人が、戊の準確定申告での納付すべき税額について、被告である国が主張を変更したことが争点になっています。そのため、本事案における主要な争点は①の低額譲渡かどうかであるといえます。

　争点がいくつかある場合、争点ごとにピックアップして読んだ方が理解しやすいので、①だけ先に読み、その後②について読むことをお勧めします。また、時間の関係上、①だけでも構いません。重要なのは、争点ごとに読むということです。本稿では、①の低額譲渡に当たるのかだけ取り上げることにします。

　本件株式譲渡が所得税法 59 条 1 項 2 号の低額譲渡に当たるかについて、東京地裁はどのように判断をしたのか。判決書の「第 3　当裁判所の判断」を読みます。

　この判決書は、少し長いです。でも大丈夫。判決書の構造は全てワンパターン。ただ、書いてあることが長いか短いかの違いだけです。

　基本のパターンを思い出しましょう。「1　法令解釈」、「2　事実認定を法令に当てはめる」、「3　結論」…つまり、これだけです。

### ＜法令解釈部分の判断＞

　譲渡所得に対する課税は、資産の値上がりによりその資産の所有者に帰属する増加益（キャピタル・ゲイン）を所得として、その資産が所有者の支配を離れて他に移転するのを機会に、これを清算してその譲渡人

である元の所有者に課税する趣旨のものと解されるのであって、そのような課税の趣旨からすれば、譲渡所得の基因となる資産についての低額譲渡の判定をする場合の計算の基礎となる当該資産の価額は、当該資産を譲渡した後の譲受人にとっての価値ではなく、その譲渡直前において元の所有者が所有している状態における当該所有者（譲渡人）にとっての価値により評価するのが相当であるから、評価通達188の(1)〜(4)の定めを取引相場のない株式の譲渡に係る譲渡所得の収入金額の計算上当該株式のその譲渡の時における価額の算定に適用する場合には、各定め中「（株主の）取得した株式」とあるのを「（株主の）有していた株式で譲渡に供されたもの」と読み替えるのが相当であり、また、各定め中のそれぞれの議決権の数も当該株式の譲渡直前の議決権の数によることが相当であると解される。

　評価通達188の(1)〜(4)の定めを取引相場のない株式の譲渡に係る譲渡所得の収入金額の計算上当該株式のその譲渡の時における価額の算定に適用する場合には、原告らのいう会社区分の判定においても、株主区分の判定においても、譲渡直前の譲渡人の議決権割合によるのが相当である。

　上記法令解釈の部分をまとめると、2つの重要なことが書かれています。

ア　譲渡所得課税の趣旨から、取引相場のない株式を譲渡する際の低額譲渡の判断は、譲渡人にとっての価値により評価するべき

イ　譲渡所得に際しては、相続税の場合に適用される財産評価基本通達188の(1)〜(4)の適用に際し、「（株主の）取得した株式」とあるのを「（株主の）有していた株式で譲渡に供されたもの」と読み替えて、会社区分と株主区分ともに譲渡直前の譲渡人の議決権割合で判定する

（＊下線は筆者）

## ＜事実認定を法令解釈に当てはめる＞

　ここで、先ほどのＡ社の株主構成をもう一度思い出しながら、判決書を読んでみます。「事実認定を法令解釈に当てはめる」部分の特徴は、判決書の出だしが「前記前提事実のとおり…」などという言葉で始まっています。

　前記前提事実のとおり、本件株式譲渡直前の時点において、Ａ社には合計して30％以上の議決権を有する株主及びその同族関係者がおらず、Ａ社は「同族株主のいない会社」に当たるから、本件株式は、評価通達188の(1)及び(2)の株式には該当しない。また、本件株式譲渡直前の時点において、譲渡人である戊及びその同族関係者である戊親族らは、合計して15％以上（22.79％）の議決権を有し、戊個人も5％以上（15.88％）の議決権を有していたから、本件株式は、評価通達188の(3)及び(4)の株式にも該当しない。

　よって、本件株式は、評価通達188の株式のいずれにも該当しないから、評価通達178本文、179の(1)により類似業種比準方式により評価すべきこととなる。そして、証拠及び弁論の全趣旨によれば、その評価額は1株当たり2,505円となることが認められる。

## ＜結論＞

　以上によれば、所得税法59条1項2号の適用に当たって、株式譲渡の時における本件株式の価額は1株当たり2,505円であると認められ、株式譲渡の対価である1株当たり75円はその2分の1に満たないから、本件株式譲渡は、同号の低額譲渡に当たる。

　概要を読んだ後の予想と同じ結論となりました。実務とほぼ同じです。譲渡所得課税の趣旨から通達の文言を理解し、それを事実認定である実際の株主構成に当てはめ、戊の有していた株式の価額は、類似業種比準方式で計算した1株2,505円となるので、75円で譲渡した場合には、

著しく低い価額での譲渡となります。納税者側からすると、自らの申告
と違う結論となっていますが、税理士が行う実務とほぼ同じものです。

　このように、東京地裁の判断は、多くの税理士が首肯できるものです。
しかし、冒頭でも書きましたが、この裁判は、東京高裁では違う判断が
されていて、納税者は逆転勝訴しています。東京地裁の判断とは、どこ
が違うのでしょうか。東京高裁の判断をみていきましょう。

⑵　**平成 30 年 7 月 19 日東京高裁**

　地裁では納税者の主張は認められませんでしたが、一転、高裁では納
税者の主張が認められることとなります。特に法令解釈について、地裁
とは大きく異なっていることがわかります。

**＜法令解釈部分の判断＞**

　本件においては、本件株式が評価通達 188 の⑶の株式に該当するか
どうかが争われているところ、所得税基本通達 59 － 6 の⑴が、評価通
達 188 の⑴に定める「同族株主」に該当するかどうかについて株式を
譲渡した個人の当該譲渡直前の議決権の数により判定する旨を定める一
方で、同⑵から⑷までについて何ら触れていないことからすれば、同⑶
の「同族株主のいない会社」に当たるかどうかの判定（会社区分の判定）
については、それが同⑴の「同族株主のいる会社」の対概念として定め
られていることに照らし、所得税基本通達 59 － 6 の⑴により株式譲渡
直前の議決権の数により行われるものと解されるとしても、「課税時期
において株主の 1 人及びその同族関係者の有する議決権の合計数が、そ
の会社の議決権総数の 15％未満である場合におけるその株主の取得し
た株式」に該当するかどうかの判定（株主区分の判定）については、そ
の文言どおり、株式の取得者の取得後の議決権割合により判定されるも
のと解するのが相当である。

（＊下線は筆者）

**＜事実認定を法令解釈に当てはめる＞**

　原判決記載の前提事実のとおり、Ａ社の株式は、評価通達における「取引相場のない株式」に当たり、かつ、同社には、本件株式譲渡の直前において、議決権総数の 30％以上の議決権を有する株主及びその同族関係者は存在しなかったから、同社は「同族株主のいない会社」に当たる。そして、同⑶のとおり、Ｂ社の本件株式取得後の議決権割合は 7.88％であり、Ｂ社には同族関係者がおらず、その議決権割合はＡ社の議決権総数の 15％未満にとどまる。したがって、本件株式は、評価通達 188の⑶の株式に該当するから、所得税基本通達 59 － 6、評価通達 188 －2 に従い、配当還元方式によって評価すべきこととなる。

**＜結論＞**

　本件株式譲渡は所得税法 59 条 1 項 2 号の低額譲渡に当たらないにもかかわらず、これに当たるとしてされた本件各更正処分等は違法である。

　東京高裁の判決書を読むと、法令解釈部分の下線を引いたところが地裁の判断と変わったところです。法令解釈が違うのであれば、同じ認定事実でも結果が変わるのが当然です。納税者の主張が採用され、今回の株式譲渡は低額譲渡ではないという裁判所の判断が出ました。しかし、実務家からするとこの高裁判決は、本当にその解釈でいいのか、現在の実務ともかけ離れているがそれでいいのかなど疑問に思うことが非常に多いものです。そして、最終的な判断は、最高裁に委ねられました。

### ⑶　令和 2 年 3 月 24 日最高裁

　最高裁は、譲渡所得の趣旨より、高裁判決には法令の誤りがあるとして、法令解釈について判示をし、譲渡時の株式の価額についてさらに審理を行うために、高裁に差し戻すという判断をしました。

## ＜法令解釈部分の判断＞

① 　所得税法59条1項所定の「その時における価額」につき、所得税基本通達59－6は、譲渡所得の基因となった資産が取引相場のない株式である場合には、同通達59－6の(1)～(4)によることを条件に評価通達の例により算定した価額とする旨を定める。評価通達は、相続税及び贈与税の課税における財産の評価に関するものであるところ、取引相場のない株式の評価方法について、原則的な評価方法を定める一方、事業経営への影響の少ない同族株主の一部や従業員株主等においては、会社への支配力が乏しく、単に配当を期待するにとどまるという実情があることから、評価手続の簡便性をも考慮して、このような少数株主が取得した株式については、例外的に配当還元方式によるものとする。そして、評価通達は、株式を取得した株主の議決権の割合により配当還元方式を用いるか否かを判定するものとするが、これは、相続税や贈与税は、相続等により財産を取得した者に対し、取得した財産の価額を課税価格として課されるものであることから、株式を取得した株主の会社への支配力に着目したものということができる。

② 　これに対し、本件のような株式の譲渡に係る譲渡所得に対する課税においては、当該譲渡における譲受人の会社への支配力の程度は、譲渡人の下に生じている増加益の額に影響を及ぼすものではないのであって、前記の譲渡所得に対する課税の趣旨に照らせば、譲渡人の会社への支配力の程度に応じた評価方法を用いるべきものと解される。

③ 　そうすると、譲渡所得に対する課税の場面においては、相続税や贈与税の課税の場面を前提とする評価通達の前記の定めをそのまま用いることはできず、所得税法の趣旨に則し、その差異に応じた取扱いがされるべきである。所得税基本通達59－6は、取引相場のない株式の評価につき、少数株主に該当するか否かの判断の前提となる「同族株主」に該当するかどうかは株式を譲渡又は贈与した個人の当該譲渡

又は贈与直前の議決権の数により判定すること等を条件に、評価通達の例により算定した価額とする旨を定めているところ、この定めは、上記のとおり、譲渡所得に対する課税と相続税等との性質の差異に応じた取扱いをすることとし、少数株主に該当するか否かについても当該株式を譲渡した株主について判断すべきことをいう趣旨のものということができる。

**＜事実認定を法令解釈に当てはめる＞**

株式譲渡の時における本件株式の価額等について更に審理を尽くさせるため、上記部分につき本件を原審に差し戻すこととする。

**＜結論＞**

原審は、本件株式の譲受人であるＢ社が評価通達 188 の(3)の少数株主に該当することを理由として、本件株式につき配当還元方式により算定した額が本件株式譲渡の時における価額であるとしたものであり、この原審の判断には、所得税法 59 条 1 項の解釈適用を誤った違法がある。

　最高裁は、このような判断をし、株式の価額等について高裁に差し戻しました。最後に、この裁判の法令解釈部分を分析していきます。


## 5　分析してみる

### (1)　譲渡所得の趣旨と所得税基本通達について

　ここで、問題となっている所得税基本通達 59 － 6 について改めて確認していきます。

　確かに、係争当時の所得税基本通達 59 － 6(1)には「当該譲渡又は贈与直前の議決権の数により判定」とありますが、(2)には、「株式を譲渡又は贈与した個人が…該当するときは、」と書かれており、その判断の

時期が譲渡前なのか後なのかは明記されていません。そこを考慮し、東京高裁では、⑵で挙げられている財産評価基本通達の文言とおり読み替えずに「株式の取得者の取得後の議決権割合により判定」と判断しています。

　このように、事案の概要を読んで、当初自分が考えたものと違う判断が裁判所でなされた場合、「そうか、本当はこういう風にこの通達を解釈しなければいけないのか」と考えることもあるでしょう。しかし、裁判所の判断を素直に受け止めることも大事ですが、それだけでは、判決書を読んでも考える力が身につきません。

　本事案の場合、実務では取引相場のない株式の譲渡の場合、会社区分も株主区分も「譲渡前」で判断をしていました。この東京高裁の判断があるからといって、顧問先の申告をすぐ「譲渡後」の判断により、1株75円で計算して申告するでしょうか。従来の計算であれば、1株2,505円で譲渡所得を計算していた株価です。1株につき2,430円の差があります。それが72万5,000株ですので、株式譲渡等の収入金額だけで、17億6,175万円の差が発生します。この東京高裁判決があるからといって、すぐに配当還元方式で株価を評価し、申告するのは勇気が要ることです。そういう意味では、この東京高裁判決後、最高裁が判断を出すまで、実務家は固唾を飲んで待っている状況でした。しかし、最高裁で、「譲渡人の会社への支配力の程度に応じた評価方法を用いるべき」との判断がなされたことで、実務家は大変安堵しました。

　では、ここからこの判決の分析をしていきましょう。

　まずは、事案の概要を読んだ際に、なぜ自分が譲渡所得の金額の計算上、収入金額とする株価を1株2,505円で判断したのか、もう一度思い出しましょう。それは、譲渡所得課税が「資産の値上りによりその資産の所有者に帰属する増加益を所得として、その資産が所有者の支配を離れて他に移転するのを機会に、これを清算して課税する」趣旨から結論を出しました。

　上記の譲渡所得課税の趣旨について、東京高裁はどう考えたのでしょうか。この部分については、下記のように判断しています。

① 　被控訴人は、譲渡所得に対する課税は、資産の値上がりによりその資産の所有者に帰属する増加益を所得として、その資産が所有者の支配を離れて他に移転するのを機会に、これを清算して課税するという趣旨から、評価通達 188 の⑵から⑷までについて、譲渡人の株式譲渡直前の議決権割合により判定する旨を主張している。しかし、そのような解釈をするためには、上記のような「読み替え」が必要となるが、所得税基本通達 59 － 6 の⑴の文言は、評価通達 188 の⑴の「同族株主」について述べているのであるから、評価通達 188 の⑵から⑷までの「同族株主」以外の部分までが上記のように読み替えられて適用される旨を読み取ることは、一般の納税者にとっては困難である。

② 　所得税法 59 条 1 項にいう「その時における価額」は、譲渡の時における資産の客観的交換価値で、不特定多数の独立当事者間の自由な取引において通常成立すると認められる価額（時価）を意味するのであり、譲渡人が会社支配権を有する多数の株式を保有する場合には、当該株式は議決権行使に係る経営的支配関係を前提とした経済的価値を有するものと評価され得る一方、当該株式が分割して譲渡され、譲受人が支配権を有しない少数の株式を保有するにとどまる場合には、当該株式は配当への期待に基づく経済的価値を有するにすぎないものとして評価されることとなるから、その間の自由な取引において成立すると認められる価額は、譲渡人が譲渡前に有していた支配関係によって決定されるのか、譲渡後に譲受人が取得することになった支配関係のどちらかで決定されるのかは一概に決定することはできず、双方の会社支配の程度によって結論を異にする事柄であるというべきである。

③ 　被控訴人の主張する譲渡所得課税の趣旨（所有者に帰属していた増

加益を清算して課税する。）といっても、上記のように成立した価額
を基準に、所有者の有していた増加益を判断して課税することになる
のであるから、上記譲渡所得課税の趣旨に反するということまではで
きない。

（＊下線は筆者）

　譲渡所得課税の趣旨についても、検討はしているが、①読み替えられ
て適用するとは考えづらい、②今回のように自由な取引によって成立す
る価額は、譲渡人の譲渡前か譲渡後の支配関係かは、一概にいえない、
③今回の相対取引により成立した価額をもとに所有者の有していた増加
益を判断することも趣旨に反しないと、処分を違法であるとした理由を
大きく３つ挙げています。
　一方で、最高裁は、相続税・贈与税と譲渡所得に対する課税では着目
するところが違うとしています。相続税等では、株式を取得した株主の
会社への支配力に着目し、譲渡所得では、譲渡所得の趣旨より、譲渡人
の会社への支配力に着目すると判断しています。
　そうしますと、自ずと所得税基本通達59－6の「その時における価
額」について、その株式を譲渡した株主について判断すべきことになり
ます。
　まさに、この最高裁の判断は、譲渡所得の趣旨という点からも納得で
きるものとなっています。

## ⑵　通達の位置づけ

　この裁判の中で、特筆すべき点としては、通達に対する考え方という
ことも挙げられるでしょう。東京高裁の通達に「読み替える」との記述
がないことで読み替えるとは考えづらいという判断に際し、税理士とし
て通達はあくまで行政機関内部での取扱いを定めたものに過ぎないと反
論せざるを得ません。逆に、通達に「読み替える」と一言記載があれば、

それを正しいとするのも、通達の位置づけを考えるとおかしなことだと思います。批判的に判決書を読むと、この東京高裁の判断は、実務家の立場からは反論することが次々とわいてくるものです。この通達に対する考え方について、最高裁では、2名の裁判官が補足意見を出しています。

　一人は、行政法の学者として有名な宇賀克也裁判官です。宇賀氏は、原審のいう租税法規の文理解釈原則は、法規命令については、あり得べき解釈方法の一つといえるとしながらも、通達は、法規命令ではなく、講学上の行政規則であり、下級行政庁は原則としてこれに拘束されるものの、国民を拘束するものでも裁判所を拘束するものでもないとしました。そして、問題となった所得税基本通達59－6について、相続税法に関する通達の読替えを行うという方法が、国民にとってわかりにくいとして、改善を要望しています。

　もう一人は、宮崎裕子裁判官です。宮崎氏は、相続税法適用のための通達を借用し、しかもその借用を具体的にどのように行うかを必ずしも個別に明記しないという所得税基本通達59－6で採られている通達作成手法には、通達の内容をわかりにくいものにしているという点において問題があると強く非難しています。宮崎氏は、何度も「重要」という言葉を使用して、通達は、どのような手法で作られているかにかかわらず、課税庁の公的見解の表示ではあっても法規命令ではないと強調しています。なお、この宮崎裕子裁判官は、日本IBM事件の訴訟で訴訟代理人弁護士を務めた方でもあります。

　判決書を読む際には、法令解釈のみならず、このように通達とは何か、裁判所の判断が正しいのか、納得できないのか、いろいろ読みながら考えてみる…つまり批判的に読むことも、より内容を理解する上で必要なものとなります。

### 事案2 役員退職給与の算定における功績倍率

せっかくいい判決なのに、
「1.5倍」という数字の根拠が明示されていない。

　納税者の気持ちを代弁してくれる判決が出ることがあります。しかし、租税訴訟の場合、法律に基づくものであるため、その判断も法律に則って根拠のあるものでなければなりません。

## 1　紹介する判決

① 平成29年10月13日東京地裁
　　裁判結果：一部認容、棄却／事件番号：平成27年（行ウ）第730号／出典：税務訴訟資料267号順号13076
② 平成30年4月25日東京高裁
　　裁判結果：原判決一部取消し、棄却／事件番号：平成29年（行コ）第334号、平成30年（行コ）第27号／出典：税務訴訟資料268号順号13149
③ 平成31年2月21日最高裁
　　裁判結果：棄却、不受理・確定／事件番号：平成30年（行ツ）第280号、平成30年（行ヒ）第314号
　　①及び②は税務大学校のウェブサイト（税務訴訟資料／課税関係判決）及び裁判所のウェブサイト（行政事件裁判例集）で検索可能です。

## 2　判決の概要

　本件は、原告A社が、A社を死亡退職した元代表取締役乙への退職慰

労金を損金の額に算入して法人税の確定申告をしたところ、所轄税務署長が、本件役員退職給与の額のうち不相当に高額な部分の金額については損金の額に算入されないとして、A社に対し、法人税の更正処分及び過少申告加算税の賦課決定処分をしたことから、原告が各処分の取消しを求めた事案です。

　A社は、下記計算式で求めた金額のうち、乙に対して4億2,000万円を平成21年8月期に支給しています。
＜乙の役員退職給与の計算式＞
240万円（最終月額給料）× 27年（勤続年数）× 5倍（役員倍数）× 1.3（功労加算）＝ 4億2,120万円

## 3　判決書を読む前に

　会社の代表取締役が死亡退職した場合、退職給与をいくら支給するのかというのは、重要です。会社の資金繰りの都合もありますし、支給後に税務調査を受け、今回のA社のように「不相当に高額」と指摘されると困ります。このような役員退職給与の金額が争われた事例から、常に適正額の算定基準をつかんでおくことが大切になります。そのために、判決や裁決を読むことは、非常に重要です。

　判決書を読む前に、役員退職給与についての基本的なところを改めて確認しておきたいと思います。根拠となる法律は、法人税法34条2項です。ここでは、「内国法人がその役員に対して支給する給与（…（中略）…）の額のうち不相当に高額な部分の金額として政令で定める金額は、その内国法人の各事業年度の所得の金額の計算上、損金の額に算入しない」と規定されています。不相当に高額とは何かというと、政令つまり法人税法施行令に記載されているということになります。そして、法人税法施行令70条2号は、次のようになっています。

**（参考）法人税法施行令 70 条 2 号**
（過大な役員給与の額）

第 70 条　省略

　一　省略

　二　内国法人が各事業年度においてその退職した役員に対して支給した退職給与
　　（法第 34 条第 1 項又は第 3 項の規定の適用があるものを除く。…（中略）…）
　　の額が、当該役員のその内国法人の業務に従事した期間、その退職の事情、そ
　　の内国法人と同種の事業を営む法人でその事業規模が類似するものの役員に対
　　する退職給与の支給の状況等に照らし、その退職した役員に対する退職給与と
　　して相当であると認められる金額を超える場合におけるその超える部分の金額

　三　省略

（＊条文を読みやすくするため括弧書きの一部を省略）

　ここで、判断基準がいくつかあることがわかります。

①　その役員の法人の業務に従事した期間

②　退職の事情

③　その内国法人と同種の事業を営む法人でその事業規模が類似するも
　　の（同業類似法人）の役員に対する退職給与の支給の状況等

　この 3 つの基準に照らし、その役員に対する退職給与として相当であ
ると認められる金額を超える部分を「不相当に高額な部分の金額」とす
るとしています。

　この基準について、①と②は法人側で把握できるものですが、③につ
いては、同業類似法人がいくらの役員退職給与を支給しているのかを把
握する方法は限られています。

　そのため、役員退職給与が争われた判決書等を読む際には、この③が
鍵となります。

　実際の役員退職給与を計算する方法としては、「功績倍率法」と「1
年当たり平均額法」があります。

## (1)　功績倍率法

　「功績倍率法」とは、今回の A 社が使用している計算方法です。

役員退職給与の適正額＝退職した役員の最終報酬月額×勤続年数×功績
倍率

　この功績倍率法については、判例でも法の趣旨から合理的な方法とさ
れています。昭和 63 年 9 月 30 日静岡地裁の判決（昭和 60 年（行ウ）
第 9 号／税務訴訟資料 165 号 962 頁）では、「功績倍率は、実際に支
給された役員退職給与の額が、当該役員の退職時における最終報酬月額
に勤続年数を乗じた金額に対し、いかなる比率になっているかを示す数
値であるところ、役員の最終報酬月額は、特別な場合を除いて役員の在
職期間中における最高水準を示すとともに、役員の在職期間中における
会社に対する功績を最もよく反映しているものであり、また、役員の在
職期間の長短は、報酬の後払いとしての性格の点にも、功績評価の点に
も影響を及ぼすものと解され、功績倍率は、当該役員の法人に対する功
績や法人の退職金支払い能力等の個別的要素を総合評価した係数という
べきであるから、類似法人の功績倍率を比較検討して、退職役員に対す
る退職給与の支給が不当に高額であるか否かを判断する被告の前項の判
定方法は、前記法令（編注：法人税法 36 条等）の趣旨に合致する合理
的なものというべきである」とされています。

　ここでいう法人税法 36 条とは、現行の法人税法 34 条です。「等」と
いうことで、役員退職給与の規定を定めた現行の法人税法 34 条と法人
税法施行令 70 条の趣旨にも合致する方法とされています。

　そのため、現在では、この功績倍率法は、役員退職給与の適正額の算
定方法として実務上よく用いられています。

　ここで使用する功績倍率には、同業類似法人の平均値を用いる「平均
功績倍率法」と同業類似法人の最高値を用いる「最高功績倍率法」の 2
つがあります。

## ⑵　1 年当たり平均額法

　「1 年当たり平均額法」とは、その法人の比較の対象となる法人にお

いて退職した役員の勤続年数1年当たりの平均退職給与の額にその役員の勤続年数を乗じて相当な退職給与の額を算出する方法です。こちらも、判例で合理的な方法（昭和58年5月27日札幌地裁／昭和54年（行ウ）第9号／税務訴訟資料130号541頁）であるとされています。

　平均功績倍率法では、退職した役員の最終報酬月額を使用するのに対し、1年当たり平均額法では、比較法人の1年当たりの平均退職給与の額を使用することに特徴があります。例えば、最終報酬月額は、役員の在職期間中における最高水準でなく（退任前に大幅に減額したなど）、在職期間中における会社に対する功績を最もよく反映しているわけではない場合に使用されます。

## 4　判決書を読んでみる

　ここまで、役員退職給与に関しての基本的なところを理解した上で、実際の判決書を読んでいきます。ここでは、下記の2点に注目したいと思います。
①　乙の役員退職給与がなぜ不相当に高額とされたのか
②　結果として、地裁では納税者の主張が認められた（一部認容）が、なぜ高裁では一転国側の主張が認められたのか
　それでは、判決書を読んで、どのような判断がなされたのか確認しましょう。まず、東京地裁の判決書からみてみます。

### (1)　平成29年10月13日東京地裁
　判決書をみると、争点が3つあることがわかります。
①　本件役員退職給与の額のうち「不相当に高額な部分の金額」
②　国税通則法65条4項にいう「正当な理由」の有無
③　本件各処分における権利の濫用、信義則違反等
　これらのうち、ここでは、主な争点である①だけ取り上げることにし

ます。

## ＜法令解釈部分の判断＞

①　被告は、本件役員退職給与のうち相当であると認められる金額の算定方法として、平均功績倍率法を用いている。功績倍率は、これらの要素以外の役員退職給与の額に影響を及ぼす一切の事情を総合評価した係数であり、同業類似法人における功績倍率の平均値（平均功績倍率）を算定することにより、同業類似法人間に通常存在する諸要素の差異やその個々の特殊性が捨象され、より平準化された数値が得られるものということができる。このような各算定要素を用いて役員退職給与の相当額を算定しようとする平均功績倍率法は、その同業類似法人の抽出が合理的に行われ、かつ、その平均功績倍率を当該法人に適用することが相当と認められる限り、法人税法34条2項及び法人税法施行令70条2号の趣旨に合致する合理的な方法というべきである。

②　同業類似法人間における平均功績倍率は、同業類似法人の抽出が合理的に行われる限り、役員退職給与として相当であると認められる金額を算定するための合理的な指標となるものであるが、あくまでも同業類似法人間に通常存在する諸要素の差異やその個々の特殊性を捨象して平準化した平均的な値であるにすぎず、本来役員退職給与が当該退職役員の具体的な功績等に応じて支給されるべきものであることに鑑みると、平均功績倍率を少しでも超える功績倍率により算定された役員退職給与の額が直ちに不相当に高額な金額になると解することはあまりにも硬直的な考え方であって、実態に即した適正な課税を行うとする法人税法34条2項の趣旨に反することにもなりかねず、相当であるとはいえない。

③　法人税の納税者は、法人税法施行令70条2号所定の考慮要素である「その内国法人と同種の事業を営む法人でその事業規模が類似する

ものの役員に対する退職給与の支給の状況」を考慮するに当たり、公刊物等を参酌することで上記の支給の状況を相当程度まで認識することが可能であるとは解されるものの、被告が行う通達回答方式のような厳密な調査は期待し得べくもないから、このような納税者側の一般的な認識可能性の程度にも十分に配慮する必要があり、役員退職給与として相当であると認められる金額は、事後的な課税庁側の調査による平均功績倍率を適用した金額からの相当程度の乖離を許容するものとして観念されるべきものと解される。

④　このように考えると、少なくとも課税庁側の調査による平均功績倍率の数にその半数を加えた数を超えない数の功績倍率により算定された役員退職給与の額は、当該法人における当該役員の具体的な功績等に照らしその額が明らかに過大であると解すべき特段の事情がある場合でない限り、同号にいう「その退職した役員に対する退職給与として相当であると認められる金額」を超えるものではないと解するのが相当であるというべきである。

(*下線は筆者)

### <事実認定を法令解釈に当てはめる>

本件役員退職給与に係る功績倍率は 6.49 であり、平均功績倍率 3.26 にその半数を加えた 4.89 を超えるものであるところ、亡乙が原告の取締役及び代表取締役として、借金の完済や売上金額の増加、経営者の世代交代の橋渡し等に相応の功績を有していたことがうかがわれることからすると、亡乙の功績倍率を上記の 4.89 として算定される役員退職給与の額について上記特段の事情があるとは認められないから、本件役員退職給与の額 4 億 2,000 万円のうち、上記の功績倍率 4.89 に亡乙の最終月額報酬額 240 万円及び勤続年数 27 年を乗じて計算される金額に相当する 3 億 1,687 万 2,000 円までの部分は、亡乙に対する退職給与として相当であると認められる金額を超えるものではないというべきで

ある。

**＜結論＞**

　亡乙に3億1,687万2,000円（功績倍率4.89）を超える退職給与を支給されるに値するほどの特別な功績があったとまでは認められないから、本件役員退職給与の額のうち上記の金額を超える1億312万8,000円は「不相当に高額な部分の金額」に当たるというべきである。以上によれば、本件更正処分のうち所得金額1億6,704万1,941円及び納付すべき税額4,820万6,600円を超える部分並びに本件賦課決定処分のうち過少申告加算税の額372万9,000円を超える部分は、いずれも違法な処分として取消しを免れないが、その余の部分はいずれも適法なものというべきである。

　この判決書では、法令解釈部分に、従来にはない新たな考えが書かれています。下線を引いたところですが、3つあります。
① 　平均功績倍率を少しでも超える功績倍率により算定された役員退職給与の額が直ちに不相当に高額な金額になると解することは硬直的な考え方であるということ
② 　納税者側の一般的な認識可能性の程度にも十分に配慮する必要があるということ
③ 　課税庁側の調査による平均功績倍率の数に1.5倍を乗じた功績倍率により算定された役員退職給与の額は、その役員の具体的な功績等に照らしその額が明らかに過大であると解する特段の事情がある場合でない限り、「その退職した役員に対する退職給与として相当であると認められる金額」を超えるものではないと解するのが相当であるということ
　①と②は、まさに実務家の役員退職給与に対する気持ちを代弁してくれたものでもあります。

　課税庁は、同業類似法人の功績倍率を用いて「不相当に高額な部分の金額」を算定しますが、そもそも納税者側からは、同業類似法人の数字を知る方法が限られます。また、更正処分では、同業類似法人の功績倍率を用いて算出した課税庁が考える適正な役員退職給与額を超える部分は、損金不算入となるのです。東京地裁の判決にいう「平均功績倍率を少しでも超える功績倍率により算定された役員退職給与の額が直ちに不相当に高額な金額になると解する」とは、まさにそのとおりです。

　一方で、東京地裁は、③にあるように平均功績倍率の数に1.5倍を乗じた功績倍率により算定された役員退職給与の額は、その役員の具体的な功績等に照らし明らかに過大であるとする特段の事情がある場合を除き、相当であるという考えを示しました。しかし、ここで示された「1.5倍」の根拠とはどこからきているのでしょうか。この大事な部分が明らかにされていません。法律にも基づいていません。例えば、統計をとり1.5倍までは課税庁が更正処分を行っていなかったなどの理由が示されれば、この数字にも説得力がありますが、理由がないのに「これくらいまでは大丈夫でしょう」といわれても、実務家が顧問先に「1.5倍までは大丈夫ですよ」とはいえません。せめて、この数字の根拠が示されていればと思います。

　この東京地裁の判断を受けて、国側が控訴した東京高裁での判断をみていきます。

### (2)　平成30年4月25日東京高裁
　控訴審では一転、国側の処分が適法との判断をしています。

### ＜法令解釈部分の判断＞
①　本件平均功績倍率は、被控訴人の同業類似法人の抽出を合理的に行った上で、法人税法34条2項及び法人税法施行令70条2号の趣旨に最も合致する合理的な方法で算定されたものであるから、亡乙の

最終月額報酬額（240万円）に同人の勤続年数（27年）及び本件平均功績倍率（3.26）を乗じた金額である2億1,124万8,000円は亡乙に対する退職給与として相当であると認められる金額であるというべきである。

② 法人税法施行令70条2号が、役員退職給与の相当額の算定要素として、業務に従事した時間（＊原文ママ）、退職の事情及び同業類似法人の役員に対する退職給与の支給状況等を列挙している趣旨は、当該退職役員又は当該法人に存する個別事情のうち、役員退職給与の相当額の算定に当たって考慮することが合理的であるものについては考慮すべきであるが、かかる個別事情には種々のものがあり、かつ、その考慮すべき程度も様々であるところ、これらの個別事情のうち、業務に従事した期間及び退職の事情については、退職役員の個別事情として顕著であり、かつ、役員退職給与の適正額の算定に当たって考慮することが合理的であると認められることから、これらを考慮すべき個別事情として例示する一方、その他の必ずしも個別事情としては顕著といい難い種々の事情については、原則として同業類似法人の役員に対する退職給与の支給状況として把握するものとし、これを考慮することによって、役員退職給与の相当額に反映されるべきものとしたことにあると解される。

③ 当該退職役員及び当該法人に存する個別事情であっても、法人税法施行令70条2号に例示されている業務に従事した期間及び退職の事情以外の種々の事情については、原則として、同業類似法人の役員に対する退職給与の支給の状況として把握されるべきものであり、同業類似法人の抽出が合理的に行われる限り、役員退職給与の適正額を算定するに当たり、これを別途考慮して功労加算する必要はないというべきであって、同業類似法人の抽出が合理的に行われてもなお、同業類似法人の役員に対する退職給与の支給の状況として把握されたとはいい難いほどの極めて特殊な事情があると認められる場合に限り、こ

れを別途考慮すれば足りるというべきである。

### ＜事実認定を法令解釈に当てはめる＞

亡乙の役員在任中の功績について検討すると、亡乙は、被控訴人の経理及び労務管理を担当して約8億円の債務完済に何らかの貢献をしたことが認められるが、これに関する亡乙の具体的貢献の態様及び程度は必ずしも明らかではなく、同業類似法人の合理的な抽出結果に基づく本件平均功績倍率（公刊資料によって認められる数値に照らしても、有意なものと十分推認することができる。）によってもなお、同業類似法人の役員に対する退職給与の支給の状況として把握されたとはいい難いほどの極めて特殊な事情があったとまでは認められない。

### ＜結論＞

以上によれば、被控訴人の請求は理由がないから全部棄却すべきところ、これを一部認容した原判決は失当であり、控訴は理由があり、附帯控訴は理由がない。よって原判決中控訴人の敗訴部分を取り消した上、同部分につき被控訴人の請求を棄却して、附帯控訴を棄却することとして、主文のとおり判決する。

このように判断をして、結果として、国側の請求どおり、乙の適正な役員退職給与については平均功績倍率である3.26を用いて計算をし、それを超える部分の金額については、「不相当に高額な部分の金額」であるとしました。

この後、上告及び上告受理申立てが行われましたが、上告は棄却、上告受理申立ては不受理となり、裁判は終了しています。

## 5　分析してみる

この判決の注目点の２つを改めて確認しましょう。

### ⑴　乙の役員退職給与がなぜ不相当に高額とされたのか

　会社側は、５倍（役員倍数）× 1.3（功労加算）＝ 6.5 倍と計算して
いました。しかし、課税庁は、平均功績倍率である 3.26 倍を採用しま
した。使用する倍数には十分注意する必要があるということがわかりま
す。そして、東京高裁が、「公刊資料によって認められる数値に照らし
ても…」としており、東京地裁の判決書中に「TKC 全国会（税理士及
び公認会計士からなる任意団体）発行の同種の資料」との文言（注）が
あり、実務上は、それらを参考にできるということがわかります。

（注）　役員退職給与適正額の算定にあたって、TKC 全国会のデータより抽出した同
　　　業類似法人の最高功績倍率である 3.0 倍を基礎とすべきであるとの納税者の主張
　　　が認められなかった事例もあります（平成 25 年 3 月 22 日東京地裁／平成 23 年
　　　（行ウ）第 421 号／税務訴訟資料 263 号順号 12175）。

### ⑵　結果として、地裁では納税者の主張が認められた（一部認容）が、なぜ高裁では一転国側の主張が認められたのか

　功績倍率法は、どの倍率を用いるかにより適正な役員退職給与の金額
が変わってきます。特に、平均功績倍率法を採用する趣旨は、「同業類
似法人における功績倍率の平均値（平均功績倍率）を算定することによ
り、同業類似法人間に通常存在する諸要素の差異やその個々の特殊性が
捨象され、より平準化された数値が得られる」ことを考慮すれば、東京
高裁の判断のように、功労加算が必要なほどの事情がない限りは、平均
功績倍率をそのまま使用するべきというのは、納得します。東京地裁は、
新たな判断をしましたが、数字の根拠を示さない限り、租税訴訟の判決
としては、不十分だと思われます。

　判決書を読む場合には、その判断がどの法律に基づくものなのか、従

来の解釈と同じか違うならどこがどう違うのか検証することが必要になります。

### 事案3 　馬券払戻金に関するほ脱事件／横目調査

> 刑事事件を読む…調査の違法は許されるか。

　最後に、刑事事件を取り上げてみます。刑事事件というと読みづらいのではないかと思われるかもしれませんが、あくまでも税務に関するものですので、難しくはありません。多くの場合、ほ脱について有罪か無罪か、有罪であっても刑期は何年か、執行猶予がつくのかどうかなどがそれぞれの事案により違ってきます。

　また、今までの行政事件との大きな違いは、行政事件では、納税者が国に対し○○処分の取消しを求める訴訟ですので、第一審である地裁では、納税者は原告に、国は被告となります。

　一方、刑事事件では、国が納税者をほ脱の罪に問うものですので、第一審である地裁では、国が原告に、納税者が被告になります。行政事件とは逆になるということです。


## 1　紹介する判決

① 　平成30年5月9日大阪地裁
　　裁判結果：有罪／事件番号：平成28年（わ）第4190号
② 　平成30年11月7日大阪高裁
　　裁判結果：棄却／事件番号：平成30年（う）第581号
　いずれも裁判所のウェブサイト（下級裁判所裁判例速報）で検索可能

です。

## 2　判決の概要

　市役所で課税担当部門に所属するなどしていた被告人甲は、競馬の勝馬投票券の払戻金による一時所得を除いて所得税の確定申告を行い、結果として、平成24年分及び平成26年分の所得税額合計6,200万円余りをほ脱した事案です。検察側は、多額の税金を免れたなどとして、懲役1年及び罰金1,900万円を求刑していたものです。

## 3　判決書を読む前に

### (1)　刑事事件の判決書の構造

　今回は、初めての刑事事件の判決書です。判決書を読み始める前に、本事案の判決書の構造をみてみますと、次のようになっています。

主文

理由

（罪となるべき事実）

（争点に対する判断）

第1　本件の争点

第2　当裁判所の判断

　これをみますと、刑事事件とはいえ、今までみてきた行政事件と特に変わるところがないことがわかります。競馬の勝馬投票券の払戻金による所得を除外するということですが、これが行政事件の取消訴訟ですと、所得税の更正処分を受けて、その処分の取消しを求めるという流れになります。しかし、刑事事件ですので、検察側が、甲に対しほ脱として、刑を求めるという流れになっています。

　したがって、裁判では、ほ脱として有罪か無罪か、刑期はどうするか

などが判断されます。

## ⑵　この裁判での争点

　この事件の争点は、大きく2つあります。一つは、ほ脱としての罪です。しかし、これについては、判決書の争点のところに「公訴事実自体に争いはない」とあります。被告人である甲もこの事実は認めているということになります。

　もう一つの争点としては、争点の弁護人の主張に記載がある「公訴権濫用、可罰的違法性の不存在、違法収集証拠の排除」ということになります。これらは、具体的にはどのようなことなのでしょうか。弁護人は、これについて、5つの主張をしています。

　①本件の馬券の払戻しによる所得は極めて偶発性が高く、今後同種所得を得る見込みがほとんどないことから、単純にほ脱所得額のみをもって可罰性を判断すべきではないこと、②馬券の払戻金については、ほとんど所得税の捕捉がなされておらず、課税もほとんどされていないのが実情であり、国も有効な対策をとらないまま放置しており、稀に所得が発覚した者に対して刑事罰まで科すことについては不公平な結果を招くこと、③馬券の払戻金に課税をすることは実質的に二重課税であるし、そもそも馬券の払戻金に対する課税制度が流動的な状況である中で刑事罰を科すことは著しく不当であること、④馬券の払戻金のほ脱額を見れば、本件より高額な事案もあるにもかかわらず、それらでは公判請求されていないことなど、他の同種事例との著しい不均衡が存在すること、⑤被告人の脱税が発覚した経緯につき、査察官の査察調査の際にいわゆる横目調査あるいは悉皆調査といった、プライバシー等を侵害する重大な違法調査がなされた可能性が否定できないことなどの事情に鑑みれば、本件の公訴提起は著しく公平性を欠き、正義に反するものであるため、公訴権濫用として公訴が棄却されるか、あるいは可罰的違法性が認められず無罪である。

　また、上記⑤のとおり、重大な違法性のある調査に基づいて被告人の
所得が捕捉された疑いが濃厚であり、このような調査に基づく証拠を許
容することは将来における違法捜査（調査）抑制の見地から相当でない
ものと認められ、得られた証拠（銀行口座に基づく証拠等）は違法収集
証拠として排除されるべきである。

　ここで注目すべきは、⑤の主張です。納税者がほ脱の事実を認めてい
るにもかかわらず、弁護士は「プライバシー等を侵害する重大な違法調
査がなされた」とし、具体的には得られた証拠（銀行口座に基づく証拠
等）は違法収集証拠として排除されるべきとし、結論として無罪である
とするものです。

　この事案では、得られた証拠（銀行口座に基づく証拠等）は違法収集
証拠なのか、また、その場合には、納税者はほ脱の事実を認めてはいる
ものの無罪になるのかという点だと思います。この点に注目しながら、
判決書を読んでいきましょう。


## 4　判決書を読んでみる

### ⑴　平成30年5月9日大阪地裁

　判決書のうち、「罪となるべき事実」と「争点に対する判断」をみて
お気づきかと思いますが、今回は、関係法令が出てきません。そのため、
関係法令の解釈部分の判断はなく、事実認定により、上記主張について、
裁判所が判断していくことになります。


### ＜事実認定を確認する＞

①　本件発覚の端緒は、Ａ銀行Ｂ支店の被告人名義の普通預金口座に
　JRAから2億3,000万円余りの高額の振込入金がなされていること
　などを、同支店に対する金融機関調査を行っていた大阪国税局査察部
　査察第5部門総括主査（当時）Ｃが発見したことによる。

② この点につきCは、「本件とは別の犯則事件の犯則嫌疑者が不正行為で得た資金の使途が不明であったため、仮名ないし借名預金での不正蓄財も想定に入れ、金融機関調査を実施する必要が出てきた。平成28年1月13日の午後と同月14日の午前中、各2名で別件犯則事件の調査として臨店の上、本件支店に対する金融機関調査を任意調査として行った。金融機関調査を行う際は、一般的には、調査対象である犯則事件、それから調査対象者などを記載した金融機関の預貯金等の調査書を提示し、調査に対する協力を求めた上、調査に必要な範囲内での帳票類の提示を受け、調査を行うものであり、別件犯則事件の調査も、一般的な場合と同様の調査手法で行った。自分は同月14日午前に臨店したが、その際の調査で本件口座にJRAから前記多額の振込入金があることを発見し、別件犯則事件との関連性を確認するため、前後3年分位の預金元帳等の口座の情報を持ち帰った。被告人の申告状況を確認したところ、競馬収入に関して申告がされていなかったことが分かった。」と証言している。

③ 本件支店において行われた別件犯則事件の調査については、その対象範囲の絞り込みが不十分であった疑いは否定できず、Cが本件口座の情報を持ち帰った点についても、別件犯則事件の調査というよりも、むしろ被告人に対する所得税法違反の調査を主眼としていた疑いも否定できず（この点に反するC証言は信用できない）、これら一連の調査については、違法である疑いが残るところである。

④ しかしながら、本件支店に対する金融機関調査は、別件犯則事件の調査の一環として、銀行側の協力の下で行われた任意調査であり、確認すべき口座情報の範囲についても銀行側の了解を得ていると認められること、本件口座の入出金情報を覚知してからは、被告人に対する所得税法違反の犯則調査としてこれに対処することが可能であり、その場合は、銀行側も任意調査に応じたと考えられることなどの事情に照らすと、査察官の行った調査における違法の程度は重大とまではい

えない。

　そうすると、本件調査によって得られた銀行口座の情報を基に作成された各査察官調査書の証拠能力を否定しなければならないほどの重大な違法は認められない。

⑤　弁護人の主張（公訴権濫用又は可罰的違法性の不存在）については、そもそも、検察官には広範な訴追裁量がある上、本件のほ脱税額が合計6,200万円余りと多額であること、ほ脱が単年度ではなく2か年分に及んでいること、本件が虚偽過少申告ほ脱犯の事案であること、被告人が馬券の払戻金について納税義務があることを確定的に認識していたことなどの事情を踏まえれば、犯則調査手続に違法の疑いがあることを加味して考えたとしても、本件公訴提起が公訴権濫用に当たるとはいえず、また、本件事案が可罰的違法性を欠くものともいえない。

　なお、弁護人は、馬券の払戻金に所得税を課すことは、馬券の売上げの中から国庫納付がなされていることからすれば、実質的な二重課税であって、国民の財産権を侵害するおそれがあり、この点は、公訴権濫用又は可罰的違法性の不存在に関わる事情であると主張する。しかし、公営ギャンブルである競馬の売上げについて、国庫納付をさせるか否か、課税の対象とするか否かは、立法政策の問題であり、この点が公訴権濫用又は可罰的違法性に影響を与える事情にならないことは明らかである。

### ＜結論＞

被告人を懲役6月及び罰金1,200万円に処する。この裁判確定の日から2年間その懲役刑の執行を猶予する。

　結果として、地裁では、有罪で執行猶予付きの罰金刑となりました。そして、判決書の①から④までが調査の違法について、⑤がその他の弁

護人の主張に対しての判断となっています。

　ここで、この判決の疑問と感じるところですが、裁判官も、「査察官の行った調査における違法」という事実は認めているにもかかわらず、「違法の程度は重大とまではいえない」としています。これについて、皆さんはどう思われますか。私は、この論理はおかしいと思います。そもそも調査の違法は重大か軽微なものかというものではなく、違法があった時点でその調査は認められないとされるべきではないでしょうか。この判決を読んで、そう感じずにはいられません。

　この調査の違法性にかかわる部分について、続く高裁では判断が変わったのでしょうか。大阪高裁の判断は次のようになっています。

### (2)　平成30年11月7日大阪高裁
　高裁の判決書の構造は、下記のようになっています。
主文
理由
第1　控訴趣意中、理由不備の主張について
第2　控訴趣意中、訴訟手続の法令違反の主張について
第3　控訴趣意中、法令適用の誤りの主張について
第4　控訴趣意中、量刑不当の主張について

　この判決書の構造をみるだけでも、判断の中身が想像できます。全て控訴人つまり一審での有罪を不服として控訴した納税者側の主張について答えるというものになっています。

　これをみるだけで、高裁が基本的な判断は地裁の判断を踏襲し、控訴人側から出された主張にだけ答えているということがわかります。

　では、判決書をみていきますが、ここでは特に重要な第2と第3の主張のみ確認します。

　（なお、高裁の判決書では、地裁の判決書でCとされた調査官が、Bと表記されています。）

**＜事実認定を確認する＞**

第2　訴訟手続の法令違反の主張について

① 論旨は、本件の発覚の端緒となった国税局の犯則調査によって得られた被告人のA銀行の預金口座に基づく証拠等は、違法収集証拠であるから、証拠能力がないのに、それらを採用して取り調べた原審の訴訟手続には判決に影響を及ぼすことが明らかな訴訟手続の法令違反がある、というのである。

② 所論は、(ア)Bは経験豊富な査察官であるから、多額の入金が全てJRAからである本件口座が別件犯則事件と関わりがないものであることは一見して明らかで、その情報を別件犯則事件の調査のために持ち帰る必要はなかったから、本件口座の調査は、その情報を持ち帰った点を含め、別件犯則事件とは別のほ脱犯の事案発見のために行われたというほかなく、被告人を狙い撃ちしていないとしても、対象者を特定せずに無差別にほ脱犯を摘発する目的が存した可能性が否定できず、Bの調査が、別件犯則事件のため必要であったと認定した原判決には誤りがある、(イ)Bの不確かな証言内容からすると、本件口座の調査について、金融機関の同意があったとは断定できない上、同意があったとしても、銀行が犯則調査の必要性の有無等を吟味することは不可能であって、査察官から必要な調査であるといわれれば応じざるをえないから、このような重大な錯誤に基づく了解によって本件口座の調査の違法性が軽減されるものではないというべきである、(ウ)本件では、口座の情報を査察官が覚知した手段自体に重大な違法があることが争点であるから、その後改めて被告人に対する犯則調査が任意でなされ得るとしても、そのことによりそれ以前にBが覚知した手段の違法性が減じることはなく、原判決が、被告人の所得税法違反の犯則調査として任意調査が可能であったという指摘には意味がない、などという。

③ (ア)について検討すると、Bは、別件犯則事件の調査を行っていた際に本件口座を発見したと供述しているところ、Bのこの点の供述が虚

偽であることをうかがわせる具体的事情は認められない上、被告人は、JRAから多額の払戻金を得たことを誰にも話していなかったし、分不相応な浪費をしていなかったというのであるから、国税当局が、当初から、被告人を狙い撃ちにしようとして本件調査を開始したとは考え難い。そうすると、仮に、本件口座情報の持ち帰りにつき違法があったとしても、そのこと自体から、本件口座を含む当初からの調査全体が違法となるとみることはできない。所論を採用することはできない。

④ (イ)につて検討すると、所論は、銀行口座の情報は、住居に対する承諾捜索が許されないのと同様に、高度に保護されるべきであるから、銀行の同意があっても本件口座の調査は許されないとか、本件は違法とされる別件捜索の類型に当たるとかいうけれども、前者について、銀行口座の情報が顧客のプライバシーの観点から保護される必要性が高いとしても、それが住居の場合に比肩しうるほどに高度な保護を要すると当然にはいえるものではない上、原判決は、そもそも銀行の同意があったことのみから本件調査の違法性の有無、程度を判断しているわけではないし、後者については、本件口座の調査が所論が指摘するような違法な別件捜索の類型に当たるということはできないから、いずれも採用することができない。

⑤ (ウ)について検討すると、公営ギャンブルに係る高額賞金を受け取った者がこれを一時所得として申告することが稀であると一般的にみられていることからすると、査察官において、本件口座を調査した結果、JRAからの多額の賞金とみられる金額の入金があったことが分かれば、その口座名義人である被告人についてほ脱犯の嫌疑が生じ、被告人に対して調査を開始することができたといえる。そうすると、被告人に対する脱税の調査をすると銀行に説明して、その同意を得て本件口座情報を持ち帰ることは十分できたというべきであり、そうすることなく、本件口座情報を別件犯則事件の証拠として持ち帰ったのは、選択すべき手続の誤りとみることが可能であるから、この点を令状主

義の精神を没却するほどの重大な違法とみることはできない。

⑥　以上のとおり、本件口座の調査の過程には、違法を帯びる点がみられるとしても、それが、全体的にみて令状主義の精神を没却するほどの重大な程度に至っていないということができる。したがって、本件口座の調査の結果に依拠して作成された査察官報告書は、その証拠能力を否定されないから、これらを採用して被告人を有罪と認定した原判決に訴訟手続の法令違反は認められない。

第3　法令適用の誤りの主張について

①　論旨は、要するに、本件には可罰性が認められないから、平成28年法律第15号による改正前の所得税法238条1項に該当するとした原判決には、判決に影響を及ぼすことが明らかな法令適用の誤りがある、というのである。

②　所論がいう可罰性に関する刑事責任上の位置付けは明確ではないが、原判決が説示するとおり、本件は、2年分のほ脱税額が合計6,200万円余りと多額で、そのほ脱率が全体で約97.8%と高率な虚偽過少申告ほ脱犯の事案であって、構成要件が処罰することを予定していないといえるほど可罰的違法性が低い事案ではないし、所論がいうところの責任の側面からみた可罰性ということを検討してみても、原判決が説示するとおり、被告人は、実際の所得に基づく税額を計算するなどして納税義務があることを確定的に認識してあえて本件に及んだのであるから、この点からも、可罰性を欠くような責任非難の低い事案などとは到底みることができない。

＜結論＞

以上のとおりであるから、原判決の量刑が重すぎて不当であるとはいえない。よって、本件控訴を棄却することとする。

## 5　分析してみる

　地裁において、「査察官の行った調査における違法」という事実は認めているにもかかわらず、「違法の程度は重大とまではいえない」とした判断に対し、高裁の判断も、変わりがないということがわかります。

　高裁では、銀行調査について触れています。ここで「銀行口座の情報が顧客のプライバシーの観点から保護される必要性が高いとしても、それが住居の場合に比肩しうるほどに高度な保護を要すると当然にはいえるものではない」とした判断には驚きです。

　銀行口座にどこからいくら入金があったとか、いついくら出金があった、また、いくらどこに振込送金したのかなどの銀行口座の情報は、高度な保護を要するものではないでしょうか。

　この事案は、主文を読みますと、結果として大阪地裁での判断がそのまま踏襲され、被告人である納税者は懲役6月及び罰金1,200万円（執行猶予2年）となっています。

　確かに、ほ脱の事実があり、それを納税者側が認めているという背景の中で、「でも、その調査に違法があった」として争われたものという難しい側面があったのも事実です。だからといって、違法な調査を「重大とまではいえない」とか「重大な程度に至っていない」などとした判断には、疑問が生じます。

　本事案における調査は、「横目調査」といわれています。調査の違法については、過去にいくつか裁判で争われていますが、平成23年12月の国税通則法の改正により、税務調査の手続については、条文で明記されるようになりました。

　今回は、任意の税務調査ではなく、査察官による調査でしたが、このような調査も同様にきちんと法律でその手続を明記し、調査する側も法令順守する必要があるのではないでしょうか。

◆　　　　　　　　◆

　ここでは、３つの判決を取り上げてみてきました。判決には、「そうだよね」と納得するものもありますが、「これ、本当にその解釈でいいのか」また、「こういう判断は間違っているのではないか」などと感じることもあります。

　事案３の刑事事件のように、判決書を批判的に読むことにより、今後こういう法律を制定する必要があるのではないかなど、税務行政の次のステップにいくヒントになることもあります。税法又は実務の問題点を捉えるためにも、判決書等を批判的に読むことも必要です。

## 第4節　主要な判断ではないところに実務に活かせるポイントがある

　判決や裁決について紹介した雑誌の記事などでは、争点となった部分のみがクローズアップされています。しかし、実際に判決書・裁決書を読んでいくと、その争点以外の部分にも実務に活かせるポイントがあることに気づきます。

　もっと判決・裁決を実務に活かしましょう！ポイントは、認定事実部分にあります。

### 事案1　役員退職給与の支給のタイミング 〜業務引継ぎをどうするか〜

> 支給する時期が違えば、損金算入できたはずです。

　役員退職給与について争われた事例は多いです。税理士はこれらの判決・裁決から多くを学ぶことができます。その意味では、役員退職給与の事案は、判決・裁決が最も実務に活かせるでしょう。特に、分掌変更の際には、準備万端で臨まないと大変です。

## 1　紹介する判決

①　平成 29 年 1 月 12 日東京地裁

　　裁判結果：棄却／事件番号：平成 27 年（行ウ）第 204 号／出典：税務訴訟資料 267 号順号 12952

②　平成 29 年 7 月 12 日東京高裁

　　裁判結果：棄却／事件番号：平成 29 年（行コ）第 39 号／出典：

税務訴訟資料 267 号順号 13033

③　平成 29 年 12 月 5 日最高裁

　裁判結果：棄却、不受理・確定／平成 29 年（行ツ）第 352 号、平成 29 年（行ヒ）第 409 号／出典：税務訴訟資料 267 号順号 13093

　いずれも税務大学校のウェブサイト（税務訴訟資料／課税関係判決）で閲覧することができます。

## 2　判決の概要

　乙は、Ａ社設立時からの取締役であり、平成 16 年からは代表取締役を務めていました。Ａ社のＦ工場の営業部長であった甲は、平成 23 年 5 月 30 日に新たにＡ社の取締役に選任され、同時にＡ社の代表取締役となりました。甲の代表取締役就任に伴い、乙は、Ａ社の代表取締役を退任しましたが、取締役に再任されました。Ａ社は、乙の代表取締役退任に際し、平成 23 年 5 月 30 日に乙の退職慰労金を 5,609 万 6,610 円を支給することを取締役会で決議し、同年 6 月 15 日に、上記金額から源泉所得税及び地方税を控除した金員を乙に支給しました。Ａ社は、平成 24 年 3 月期の決算にこれら退職慰労金を損金の額に算入した確定申告書を提出していましたが、平成 24 年 11 月に退職慰労金を損金の額に算入しない修正申告書を提出しました。しかし、平成 25 年 4 月には、やはり上記退職慰労金は損金の額に算入されるべきであったとして更正の請求を行ったところ、課税庁より更正をすべき理由がない旨の通知処分を受けた事案です。

　乙は、前任の代表取締役から全く業務の引継ぎをしてもらえず、代表取締役に就任した際に苦労をした経験があったため、68 歳の定年まで 3 年を残していたものの、早めに代表取締役を退任して後任への引継ぎに当たろうと考えていました。甲は、乙の代わりに後任の代表取締役へ

の打診があった際に、直ちに代表取締役の任務を果たせるかどうか自信
を持てないとのことで、乙に対し取締役として留任することを求めたた
め、乙は完全退職とせず、取締役としての分掌変更という形にしました。
なお、乙はその後、平成 25 年 5 月末に非常勤の取締役になっています。

## 3　判決書を読む前に

　判決書を読む前に、まず分掌変更時の役員退職給与の規定はどうなっ
ているのか。そして、A 社はなぜ、乙の役員退職給与について、確定申
告後、それを損金の額に算入しない修正申告書を提出したり、又は認め
ることを求める更正の請求をしたりしたのか。この 2 点を確認したいと
思います。

### ⑴　分掌変更に伴う役員退職給与について

　役員退職給与の分掌変更の場合については、第 2 節の事案 2 で基本的
な確認はしました。

　根拠条文は、法人税法 34 条となりますが、法人税基本通達 9 － 2 －
32 に規定があります。改めてこの通達について確認をしてみます。

**（参考）法人税基本通達 9 － 2 － 32**
（役員の分掌変更等の場合の退職給与）
9 － 2 － 32　法人が役員の分掌変更又は改選による再任等に際しその役員に対し退
　職給与として支給した給与については、その支給が、例えば次に掲げるような事
　実があったことによるものであるなど、その分掌変更等によりその役員としての
　地位又は職務の内容が激変し、実質的に退職したと同様の事情にあると認められ
　ることによるものである場合には、これを退職給与として取り扱うことができる。
　⑴　常勤役員が非常勤役員（常時勤務していないものであっても代表権を有する
　　者及び代表権は有しないが実質的にその法人の経営上主要な地位を占めている
　　と認められる者を除く。）になったこと。
　⑵　取締役が監査役（監査役でありながら実質的にその法人の経営上主要な地位
　　を占めていると認められる者及びその法人の株主等で令第 71 条第 1 項第 5 号
　　《使用人兼務役員とされない役員》に掲げる要件の全てを満たしている者を除

　く。）になったこと。
⑶　分掌変更等の後におけるその役員（その分掌変更等の後においてもその法人
　の経営上主要な地位を占めていると認められる者を除く。）の給与が激減（おお
　むね50%以上の減少）したこと。
（注）　本文の「退職給与として支給した給与」には、原則として、法人が未払金
　　等に計上した場合の当該未払金等の額は含まれない。

　法人税基本通達９－２－32では、完全退職でなくても分掌変更によ
り地位又は職務の内容が激変し、実質的に退職したと同様の事情にある
と認められる場合には、役員に対し支給した金員について退職給与とし
て取り扱うとし、上記のように常勤役員から非常勤役員に変更になるな
どの３つの形式基準が例示されています。
　実務的には、この３つの例示は、「実質的に退職したと同様の事情に
ある」ということを理解するためには具体的でわかりやすいです。しか
し、あくまで形式的な基準であり、これを全て満たしたからといって、「実
質的に退職したと同様の事情にある」とまではいえないことは明らかで
す。平成20年６月27日東京地裁判決（平成18年（行ウ）第466号、
平成19年（行ウ）第270号／税務訴訟資料258号順号10977）では、「本
件法人税通達が具体的に規定している事情は飽くまで例示にすぎないの
であるから、分掌変更又は再任の時に支給される給与を『退職給与』と
して損金に算入することができるか否かについては、当該分掌変更又は
再任に係る役員が法人を実質的に退職したと同様の事情にあると認めら
れるか否かを、具体的な事情に基づいて判断する必要があるというべき
である」と判示しています。
　しかし、この①常勤役員が非常勤役員になった、②取締役が監査役に
なった、③分掌変更等の後におけるその役員の給与が激減（おおむね
50%以上の減少）したというのは、わかりやすい基準でもあります。

## ⑵　乙の代表取締役退任後の勤務状況

　では、この事案の場合、乙はどうだったのでしょうか。Ａ社は乙の代表取締役退任後について、次の点を挙げ、役員としての地位又は職務の内容が激変し、実質的に退職したと同様の事情にあると主張していました。

①　乙は、甲を伴って取引関係者を回り、退任の挨拶及び社長交代の引継ぎの挨拶に連日出向いており、退任の挨拶状も取引関係者に送付されている。

②　土地の賃貸借契約書や銀行との間の金銭消費貸借契約書の名義が甲を代表者とするものに変更され、銀行取引の連帯保証人も乙から甲に変更されている。

③　乙の月額報酬は、代表取締役を退任する前の205万円から3分の1に相当する70万円に引き下げられて激減している。甲の当初の月額報酬は85万円である。

④　甲は、営業会議、合同会議及び代表者会議などの重要会議において、自らの判断で具体的な指示をしており、乙の判断を仰いでいるものではない。他方、乙は、代表取締役を退任した後、退任前は必ず出席して積極的に指示をしていた営業会議や合同会議に出席せず、代表者会議でも何ら指示をしていない。

　法人税基本通達9－2－32に当てはめてみると、⑶の給与の激減に当てはまりますし、対外的にも、社内的にも代表者が乙から甲に変わったということがわかります。このような状況であれば、上記通達に当てはめると、「実質的に退職したと同様の事情にある」とも思えなくはありません。では、なぜＡ社は修正申告や更正の請求など迷走したのでしょうか。

## ⑶　Ａ社の迷走の理由

　判決書の中に、「平成24年10月11日の税務調査において」という

言葉が出てきます。11月に修正申告書を提出していますので、税務調査時に、役員退職給与について課税庁より何らかの指摘を受け、一旦は修正申告書を提出したのでしょうが、その後、やはり納得できない部分があったために、更正の請求を行ったということがわかります。

　判決書において、国側は「乙が平成23年5月に取締役に再任された経緯に鑑みれば、乙は、代表取締役を退任した後においても、原告の経営について引き続き責任を負っていたものであり、実際に原告の経営に具体的な関与をしていただけでなく、対外的にも原告において主要な地位を占めていたと認められ、これらのことは、当時の甲の経営に関する知識や経験等に鑑みると、原告の存続において必須のことであったから、乙について原告を実質的に退職したと同様の事情は認められないというべきである」と主張しています。

　分掌変更による役員退職給与については、上記のような「実質的に退職したと同様の事情」があるかないかという「退職の事実」について争われます。この事案でも、訴訟のメインテーマはこの「退職の事実」です。判決では、実際に、この部分をどう判断していったのでしょうか。

## 4　判決書を読んでみる

　判決書を読んでみると、争点は、退職の事実のほかに、この退職給与を損金の額に算入しないことが租税公平主義に違反するかということが争われています。ここでは、後者の判断は取り上げず、退職の事実部分のみ確認していきます。

### (1)　平成29年1月12日東京地裁
### ＜法令解釈部分の判断＞
①　法人税法34条1項括弧書きは、損金の額に算入しないこととする役員給与の対象から、役員に対する退職給与を除外しており、この退

職給与は、法人の所得の計算上、損金の額に算入することができるものとされている。これは、役員の退職給与は、役員としての在任期間中における継続的な職務執行に対する対価の一部であって、報酬の後払いとしての性格を有することから、役員の退職給与が適正な額の範囲で支払われるものである限り（同条2項参照）、定期的に支払われる給与等（同条1項各号参照）と同様の経費として、法人の所得の金額の計算上、損金の額に算入すべきものとする趣旨に出たものと解される。そして、同項括弧書きが損金の額に算入しないものとする給与の対象から役員の退職給与を除外している上記の趣旨に鑑みれば、同項括弧書きにいう退職給与とは、役員が会社その他の法人を退職したことによって支給され、かつ、役員としての在任期間中における継続的な職務執行に対する対価の一部の後払いとしての性質を有する給与であると解すべきであり、役員が実際に退職した場合でなくても、役員の分掌変更又は改選による再任等がされた場合において、例えば、常勤取締役が経営上主要な地位を占めない非常勤取締役になったり、取締役が経営上主要な地位を占めない監査役になるなど、役員としての地位又は職務の内容が激変し、実質的には退職したと同様の事情にあると認められるときは、その分掌変更等の時に退職給与として支給される金員も、従前の役員としての在任期間中における継続的な職務執行に対する対価の一部の後払いとしての性質を有する限りにおいて、同項括弧書きにいう退職給与に該当するものと解するのが相当である。

② 法人税基本通達9－2－32は、以上に説示したところと同様の趣旨から、役員の分掌変更又は改選による再任等に際して、法人の役員が実質的に退職したと同様の事情にあるものと認められ、その分掌変更等の時に退職給与として支給される金員を損金の額に算入することができる場合についてその例示等を定めたものであると解される。

## ＜事実認定を法令解釈に当てはめる＞

①　代表取締役の交代の経緯についてみると、乙は、前任の、代表取締役から全く業務の引継ぎをしてもらえず、代表取締役に就任した際に苦労をした経験があったことから、早めに代表取締役を退任して後任の代表取締役への引継ぎに当たろうと考えていたものであり、甲も、平成23年2月頃、乙から代表取締役に就任することについての打診を受けたが、直ちに代表取締役の任務を果たせるかどうか自信を持てなかったことから、当分の間は退任前と同程度の業務内容により取締役として留任することを乙に求め、乙が引き続き2年間は原告に常勤することを条件として代表取締役への就任を承諾したものである。そして、乙は、原告の親会社であるB社の代表取締役である丙に対し、役員報酬が半分になっても2年間は退任前の仕事をそのまま続ける旨を述べ、甲も、丙から、2年間は乙から代表取締役の仕事について教わるよう助言を受け、これを了承していた。これらの事情に照らすと、営業部長の職にあった甲が乙に代わり原告の代表取締役に就任するに当たっては、原告の経営に支障が生じないよう、乙が、引き続き当分の間は原告の経営に関与して甲に対する指導や助言を行うことによって、専ら営業部門で勤務してきた甲の経営責任者としての経営全般に関する知識や経験の不足を補うことが予定されていたものと認められる。

②　乙は、原告の代表取締役を退任した後も、常勤の相談役として毎日出社をし、退任前と同じ代表取締役の執務室の席において執務をしていたのであり、甲の席は乙の席の隣に設けられ、乙と甲が共同して原告の経営に当たる執務環境が整えられていた。そして、甲は、原告の営業以外の業務や組織管理等の経営全般に関する知識や経験が少なかったことから、原告の売上げや粗利、従業員の成績の管理、棚卸し等に関する事項について乙から指導を受けたほか、従業員からの報告事項など様々な案件について乙に相談し、賞与の査定やその支払のた

めの借入れ、マシニングの管理や設置についても、案件ごとに乙に確認を求め、その助言に従って業務を実施するなどしていたのであり、そのような状況は少なくとも同年12月頃まで継続していたものである。これらの事情に照らすと、甲は、代表取締役に就任した後、原告の経営に関する法令上の代表権を有してはいたものの、甲が原告の営業以外の業務や組織管理等の経営全般に関する経営責任者としての知識や経験等を十分に習得して自ら単独で経営判断を行うことができるようになるまでは、乙が、原告の経営について甲に対する指導と助言を行い、引き続き相談役として原告の経営判断に関与していたものと認められる。

③　乙は、代表取締役を退任した後も、代表者会議への出席を継続し、出席をしなくなった営業会議及び合同会議についても、各会議の議事録に甲が決裁印を押した後のものを確認した上で「相談役」欄に押印していたほか、10万円を超える支出について必要となる決裁のための稟議書についても、原則として甲が決裁欄に押印した後に「相談役」欄（甲が乙の助言と指導が必要不可欠であると判断し、平成23年6月に設けたものである。）に押印をしており、甲も、稟議書の決裁欄に押印するに当たっては、必要に応じて乙に相談をし、その助言を得ていたものである。

④　乙は、原告の資金調達等のため、多数回にわたり、単独でE銀行の担当者との面談や交渉をしており、同銀行の担当者も、原告の交渉窓口で原告の実権を有するのは乙であると認識し、交渉等のために原告を訪問するに当たり、乙に対し面談の約束を取り付けていたほか、B社から原告に対し資金調達に関する要求があった際には、甲から相談を受け、原告とB社との間の利害を調整し、B社の原告に対する要求を和らげる役割を果たすなど、原告の資金繰りにも深く関与していたものと認められる。そして、甲が営業部長の後任者を置かずに営業部長に在任していた当時と同様に取引先等との営業活動に注力し原告の

営業時間の半分程度は外出をしていたことから、乙は甲に代わり来客への対応も行っていた。このように、乙は、原告の資金繰りに関する窓口役を務め、主要な取引先の銀行から実権を有する役員と認識されていたほか、営業部長の当時と同様に取引先等との営業活動による外出のため原告を不在にすることの多い甲に代わって対外的な来客への応対を行うなどしており、対外的な関係においても経営上主要な地位を占めていたものと認められる。

### ＜結論＞

以上の諸事情に鑑みると、乙は、原告の代表取締役を退任した後も、その直後の本件金員の支給及び退職金勘定への計上の前後を通じて、引き続き相談役として原告の経営判断に関与し、対内的にも対外的にも原告の経営上主要な地位を占めていたものと認められるから、甲が代表取締役に就任したことにより乙の業務の負担が軽減されたといえるとしても、本件金員の支給及び退職金勘定への計上の当時、役員としての地位又は職務の内容が激変して実質的には退職したと同様の事情にあったとは認められないというべきである。

なお、法人税基本通達９－２－32は、「分掌変更等の後におけるその役員（その分掌変更等の後においてもその法人の経営上主要な地位を占めていると認められる者を除く。）の給与が激減（おおむね50％以上の減少）したこと」を例示として掲げているが、乙は、上記「役員」から除かれる者を定める括弧内の「その分掌変更等の後においてもその法人の経営上主要な地位を占めていると認められる者」に該当するというべきであるから、乙について本件通達における役員の給与の激減に係る基準を充足するものであるとは認められない。

このように、通達の要件を形式的に満たしてはいるが、通達で示されている「その法人の経営上主要な地位を占めていると認められる者」に

実質的に該当しているため、退職の事実はないと判断されています。退職の事実の判断には、乙の仕事内容についてかなり具体的に一つ一つ検討していることがわかります。

### ⑵　平成29年7月12日東京高裁

　東京高裁では、Ａ社は、乙が対内的にも対外的にもＡ社の経営上主要な地位を占めていたとする地裁判決は、その前提となる事実認定及び認定事実の評価を誤っている、また租税公平主義に反するなどの4点を主張しています。

#### ＜法令解釈部分の判断＞

　法人税法34条1項括弧書きが損金の額に算入しないものとする給与の対象から役員の「退職給与」を除外している趣旨に鑑みれば、「退職給与」とは、役員が会社その他の法人を退職したことによって支給され、かつ、役員としての在任期間中における継続的な職務執行に対する対価の一部の後払いとしての性質を有する給与であると解すべきであり、役員が実際に退職した場合でなくても、役員の分掌変更又は改選による再任等がされた場合において、例えば、常勤取締役が経営上主要な地位を占めない非常勤取締役になったり、取締役が経営上主要な地位を占めない監査役になるなど、役員としての地位又は職務の内容が激変し、実質的には退職したと同様の事情にあると認められるときは、その分掌変更等の時に退職金として支給される金員も、従前の役員としての在任期間中における継続的な職務執行に対する対価の一部の後払いとしての性質を有する限りにおいて、「退職給与」に該当するものと解するのが相当であることは、原判決が適切に説示するとおりである。

#### ＜事実認定を法令解釈に当てはめる＞

①　乙が控訴人の代表取締役を退任した後も、引き続き相談役として控

訴人の経営判断に関与し、対内的にも対外的にも控訴人の経営上主要な地位を占めていたと判断されることは、原判決が適切に説示するとおりであるから、控訴人の上記主張は採用することができない。

②　控訴人は、分掌が実質的に変更された場合も退職に該当すると主張するが、分掌が実質的に変更されたとしても、役員としての地位又は職務の内容が激変せず、実質的に退職したのと同様の事情にあるとは認められない場合についてまで退職に該当すると解することは、文理解釈の限界を超えるものであって、相当でない。

**＜結論＞**

以上によれば、控訴人の請求は理由がないからこれを棄却すべきところ、これと同旨の原判決は相当である。

### ⑶　平成29年12月5日最高裁

最高裁の判断は、判決書を読んでもおわかりのように、主文で、上告棄却、上告審として受理しないということと、訴訟費用負担が書かれているのみです。実質的な判断としては、高裁までとなります。

このようにして、この事案は、納税者であるA社の主張は認められることなく、終わることとなりました。

## 5　分析してみる

この判決のメインは、乙の退職の事実です。あくまで事実認定の話となります。A社からすると、単に引継ぎをしていただけで、その延長線上にある指導及び助言だけだと主張していました。しかし、東京地裁は、①引継ぎを行う⇒乙が引き続き当分の間は原告の経営に関与して甲に対する指導や助言を行う⇒乙が引き続き相談役として原告の経営判断に関与している、②会議の議事録の確認及び決裁を行っていた、③対外的な

来客への応対を行っていたとして、対内的にも、対外的にも経営上主要な地位を占めていたと結論付けました。

　法人税基本通達９－２－32では、例示が３つ掲げられていましたが、全てに括弧書きで「経営上主要な地位を占めていると認められる者を除く」とあり、乙はこれに該当するとされました。そのため、通達に規定する形式的な基準である給与の激減があったとしても、経営上主要な地位を占めているために、乙に退職の事実はないと判断されています。

　判決としてはここまでですが、この判決から学べることは、このようなメインの判決部分からだけではないです。

　この事案の場合、引継ぎ期間が終了すれば、乙は完全退職したはずです。この判決では、役員退職給与の支給のタイミングと代表者の引継ぎの難しさを感じました。例えば、いきなり甲を代表取締役に就任させるのではなく、２～３年ほどは乙が代表取締役のまま、甲は取締役として職務を行うということもできたはずです。その後、乙に代表取締役を完全に退任してもらった時に、役員退職給与を支給することもできたでしょう。それであれば、退職の事実として、経営上主要な地位を占めていたなどとは判断されなかったと思われます。

　このように、判決書に書かれてあることを反面教師として、自身の顧問先への指導に活かせるポイントはあります。雑誌などでは、メインの判断部分しか判決書を掲載していない、分析がないということもありますので、きちんと自分で判決書を読んで考えるということは大切です。メインでないところにも実務に活かせるポイントがあります。

　自分がこの会社の顧問税理士ならば、こういうスケジュールを提案するなどと考えながら読むということは、メインの法令解釈からは外れる読み方かもしれません。しかし、判決はこう読まなければいけないという決まりはありません。実務家として自身の顧問先に活かせるところは何かないのかと考えながら読むことも必要です。せっかく時間をかけて読むのですから、税理士として活かせるところを見つけることが大切で

はないでしょうか。

### 事案2 賃貸用マンションのシステムキッチン等の資本的支出と修繕費の区分

> 課税庁は、どのように考えているのかわかるのが判決・裁決

　次に取り上げるのは公表裁決です。裁決書も、判決書とほぼ同様の構造になっていることは既に書いたとおりです。裁決書の中の双方争いのない事実を記載している基礎事実には、課税庁の考えがわかるものもあり、実務に活かせるポイントもありますので、一緒に確認してみましょう。

## 1　紹介する裁決

平成26年4月21日公表裁決
　裁決結果：一部取消し／裁決番号：東裁（所）平25-106／出典：裁決事例集95集
　国税不服審判所のウェブサイトにて閲覧できます。

## 2　裁決の概要

　不動産貸付業を営む甲（個人事業主）が、賃貸用マンションの流し台等の取替工事に係る費用の全額を修繕費として不動産所得の必要経費に算入し申告をしたところ、原処分庁が、これら費用のうち、減価償却資産の新規取得に係る減価償却費の額及び修繕費となるもの以外の部分の金額は必要経費に算入できないなどとして更正処分等を行った事案です。

　実際に行われた工事の内訳は別表に記載されていますが、残念ながら国税不服審判所のウェブサイトでは、この別表が省略されています。しかし、裁決書の「1　事実」の「(4)　基礎事実」で具体的な工事の内容を確認することができます。ここでは、大きく、①新たなシステムキッチン及びユニットバスの取替えに要した費用（各製品の代金、取付施工費、給排水・電気・ガス等の工事費であり、以下この工事部分を「本件各取替費用」といいます）、②新たな洗面化粧台の取得に要した費用及び③取替え前の流し台や風呂の解体撤去等に要した費用の3つに分けています。

## 3　裁決書を読む前に

　資本的支出と修繕費の区分は、実務的には非常に悩ましいものです。ここでは、裁決書を読む前にこの区分について確認します。

　条文としては、所得税法51条に、資産損失の場合の必要経費算入の規定があります。

**(参考) 所得税法51条1項**
（資産損失の必要経費算入）
第51条　居住者の営む不動産所得、事業所得又は山林所得を生ずべき事業の用に供される固定資産その他これに準ずる資産で政令で定めるものについて、取りこわし、除却、滅失（当該資産の損壊による価値の減少を含む。）その他の事由により生じた損失の金額（保険金、損害賠償金その他これらに類するものにより補てんされる部分の金額及び資産の譲渡により又はこれに関連して生じたものを除く。）は、その者のその損失の生じた日の属する年分の不動産所得の金額、事業所得の金額又は山林所得の金額の計算上、必要経費に算入する。
2〜5　省略

　事業用の固定資産を取り壊し、除却などした場合には、その損失の金額は、その損失が生じた日の属する事業年度の必要経費に算入することになります。

　次に問題となる、資本的支出と修繕費についてですが、所得税法施行令127条と同181条に規定があります。

**（参考1）所得税法施行令127条1項**
（資本的支出の取得価額の特例）
第127条　居住者が有する減価償却資産（…（中略）…）について支出する金額のうちに第181条（資本的支出）の規定によりその支出する日の属する年分の不動産所得の金額、事業所得の金額、山林所得の金額又は雑所得の金額の計算上必要経費に算入されなかつた金額がある場合には、当該金額を前条第1項の規定による取得価額として、その有する減価償却資産と種類及び耐用年数を同じくする減価償却資産を新たに取得したものとする。
2〜5　省略
（＊条文を読みやすくするため括弧書きの一部を省略）

**（参考2）所得税法施行令181条**
（資本的支出）
第181条　不動産所得、事業所得、山林所得又は雑所得を生ずべき業務を行なう居住者が、修理、改良その他いずれの名義をもつてするかを問わず、その業務の用に供する固定資産について支出する金額で次に掲げる金額に該当するもの（そのいずれにも該当する場合には、いずれか多い金額）は、その者のその支出する日の属する年分の不動産所得の金額、事業所得の金額、山林所得の金額又は雑所得の金額の計算上、必要経費に算入しない。
　一　当該支出する金額のうち、その支出により、当該資産の取得の時において当該資産につき通常の管理又は修理をするものとした場合に予測される当該資産の使用可能期間を延長させる部分に対応する金額
　二　当該支出する金額のうち、その支出により、当該資産の取得の時において当該資産につき通常の管理又は修理をするものとした場合に予測されるその支出の時における当該資産の価額を増加させる部分に対応する金額

　資本的支出に該当した場合には、その支出した金額を取得価額として、新たな減価償却資産を取得したとの取扱いになります。そして、どういうものが資本的支出に該当するのかを示したのが、所得税法施行令181条となります。1号として資産の使用可能期間を延長させる部分に対応する金額を、2号で資産の価額を増加させる部分に対応する金額を挙げています。
　実務上では、この他に所得税基本通達として、資本的支出の例示を掲

げた所得税基本通達37－10、修繕費の例示を掲げた同37－11、形式基準（60万円、前年12月31日の取得価額のおおむね10％相当額以下）を定めた同37－13の3つがあります。

　これらからわかることは、修繕費に該当するのは、通常の維持管理に該当する費用で、資本的支出に該当するのはその資産の価値を高め、耐久性を増す部分のことをいうということです。では、国税不服審判所は、このシステムキッチン等について、どのように判断したのかをみていきます。

## 4　裁決書を読んでみる

　裁決書の「3　判断」の冒頭は「(1)　法令解釈」となっており、そこには、「ロ　修繕費と資本的支出の区分について」として、先ほど確認した条文が出てきます。

### ＜法令解釈部分の判断＞

①　所得税法施行令181条は、不動産所得を生ずべき業務の用に供する固定資産について修理、改良等のために支出する金額のうち、その支出により、当該資産の取得の時において、当該資産につき通常の管理又は修理をするものとした場合に予測される、(ア)当該資産の使用可能期間を延長させる部分に対応する金額又は(イ)その支出の時における当該資産の価額を増加させる部分に対応する金額が資本的支出に該当する旨規定しているところ、所得税基本通達37－10は、この資本的支出に該当する金額の例を示し定めたものであり、当該定めは、上記法令における資本的支出の概念を具体的かつ理解しやすく説示したものといえるから、当審判所においても相当と認める。

②　また、所得税基本通達37－11は、業務の用に供されている固定資産の修理、改良等のために支出した金額のうち当該固定資産の通常

の維持管理のため、又は災害等により毀損した固定資産につきその原状を回復するために要したと認められる部分の金額が修繕費となる旨定めているところ、当該定めは、その支出した年の必要経費に算入される修繕費の意義を明らかにしたものとして、所得税法上、正当な解釈を示したものといえるから、当審判所においても相当と認める。

③　したがって、建物に対する修理、改良等のために支出した金額が、修繕費又は資本的支出のいずれに当たるかは、当該支出した金額が当該建物の通常の維持管理のための費用であるか、それとも当該建物の価値を高めたり、耐久性を増したりするものかを、その支出した金額の内容及び支出効果の実質によって判断するのが相当である。

④　不動産所得を生ずべき事業の用に供される固定資産について、取壊し、除却、滅失等により生じた損失の金額は、所得税法51条1項の規定により、当該損失が生じた年分の不動産所得の金額の計算上必要経費に算入される。そして、当該必要経費に算入される損失の金額の計算の基礎となる資産の価額については、所得税法施行令142条《必要経費に算入される資産損失の金額》に規定されているところ、当該規定によれば、減価償却資産を取り壊して廃棄した場合の損失の金額は、当該取壊し直前の帳簿価額（未償却残額）と解される。

## ＜事実認定を法令解釈に当てはめる＞

①　本件建物の各住宅について施工された各工事の工程・内容は、次のとおりである。

　台所部分については、㈠既存の流し台、コンロ台、調理台などの設備を解体撤去し、壁に貼られたタイルを剥がすなどした解体工事と、㈣壁や床に凸凹があった場合にベニヤ板等を貼り平面にする下地工事をした上、㈡シンク、ガスコンロ、扉、引き出しなどを組み立てワークトップ（天板）でカウンターを覆い平面にして設置し、床及び壁面にコーキングなどの詰め物や接着材等で固定し、㈢壁面の上部に

ウォールキャビネット及びレンジフードを設置し、壁正面及び側面にキッチンパネルを貼り、㈺既存の給水管、排水管、ガス管及び電気配線とを接続したシステムキッチンを設置する工事である。

　浴室部分については、㈶既存の浴槽、シャワーセット、天井パネル等を撤去し、壁に貼られたタイルを剥がすなどした解体工事と、㈸水漏れ防止のための天井、壁、浴槽、シャワーセット、床等の部材を組み立て設置し、㈹既存の給水管及び排水管等と接続したユニットバス設置工事である。

②　各見積書の内容及び各工事の工程・内容、及び設計図の記載内容（建物新築時の工事内容）を総合すれば、本件各工事のうち台所部分の工事は、建物の新築時から流し台・コンロ台・調理台等で構成された製品（キッチンキャビネット）を床や壁に固定して設置されていた台所の場所について、その既存の台所設備の解体・撤去等の解体工事をした上、壁や床を平面にする下地工事をし、新たにシステムキッチンを設置した工事であると認められる。

③　このように、当該設置工事は、台所設備のあった場所に既存の設備に替えて、シンク・ガスコンロ・レンジフード等が組み合わされたシステムキッチンを設置し、それらを既存の給湯、給排水、電気及びガスの各設備と連結させて台所を新設したものであることからすると、そのことによって初めて住宅内での湯水の利用や調理等を可能にするものである。また、新たに設置されたシステムキッチンは床や壁面にコーキング等によって固定されているから、本件建物との物理的な接着の程度もかなり高く、容易に取り外すことができないものである。

④　各見積書の内容及び各工事の工程・内容、及び設計図の記載内容（建物新築時の工事内容）を総合すれば、本件各工事のうち浴室部分の工事は、建物の新築時から浴室として設置されていた場所について、その既存の浴室設備の解体・撤去等の解体工事をした上、新たにユニットバスを設置した工事であると認められる。

⑤　このように、当該設置工事は、浴室があった場所に、既存の設備に替えて防水用の各種の部材を結合させたユニットバスを設置し、それらを既存の給湯、給排水設備と連結させて浴室を新設したものであることからすると、そのことによって初めて住宅内での湯水の利用や入浴を可能にするものである。

⑥　以上のことからすると、本件各工事によって、新たにシステムキッチン及びユニットバスが設置された台所及び浴室は、建物と物理的・機能的に一体不可分な内部造作で、建物と一体となって、住宅としての用途における使用のために客観的に便益を与えるものであり、取り壊した台所部分及び浴室部分も同様であったと認められる。

⑦　本件各工事の内容は、単に既存の台所設備・浴室設備の部材の一部を補修・交換したものではなく、建物の各住宅内で物理的・機能的に一体不可分の関係にある台所部分及び浴室部分について、建築当初から設置されていた各設備及び壁・床の表面等を全面的に新しい設備等に取り替えたものであり、このことは、本件建物の各住宅を形成していた一部分の取壊し・廃棄と新設が同時に行われたとみるべきものである。

⑧　本件各取替費用は、建物の各住宅の通常の維持管理のための費用、すなわち修繕費であるとは認められず、新たにシステムキッチン及びユニットバスを設置し、台所及び浴室を新設したことによって、当該各住宅ひいては建物の価値を高め、又はその耐久性を増すことになると認められるから、その全額が資本的支出に該当するというべきである。

⑨　なお、本件各工事により各住宅に設置されたシステムキッチン及びユニットバスは、建物と物理的・機能的に一体不可分なものと認められるから、「器具・備品」には該当しない。

## ＜結論＞

① 　原処分庁は、各見積書の内容等を基に、㋐各取替費用の金額（建物の資本的支出の金額）、㋑少額減価償却資産の取得及び㋒修繕費に区分しているところ、当審判所の調査の結果によれば、各工事に係る費用のうち、314号室及び213号室の各住宅に係る給湯・給排水工事及びガス工事の各費用の各金額を、建物の資本的支出（システムキッチンの各設置工事に係るもの）と修繕費（既存設備の解体工事費に係るもの）に按分して計算していること、また419号室の住宅に係る壁下地工事の費用の金額を修繕費（既存設備の解体工事費に係るもの）に含めて計算していることが認められるが、当該給湯・給排水工事及びガス工事並びに当該壁下地工事は、本件各工事の内容から、いずれもシステムキッチンの各設置工事に含まれると認められるから、これらの各工事の費用は、いずれも本件各取替費用の金額（建物の資本的支出の金額）に含めるべきである。

② 　本件各工事は、建物の各住宅の台所及び浴室を全面的に取り壊し、その取り壊した場所に新たにシステムキッチン及びユニットバスを設置して、台所及び浴室を新設するという資本的支出をしたものであり、建物の各住宅を形成していた一部分の取壊し・廃棄と新設とが同時に行われたとみるべきものであるから、当該取壊し・廃棄については、所得税法51条1項の規定により、不動産所得の金額の計算上、取り壊した台所及び浴室に係る除却損失の金額を算定し必要経費に算入すべきである。

③ 　減価償却資産を取り壊して廃棄した場合の損失の金額は、当該減価償却資産の取壊し直前の帳簿価額（未償却残額）と解されるから、本件の場合、取り壊した台所及び浴室に係る除却損失の金額を算定するに当たっては、その取り壊した各部分の取得価額相当額が明らかであることが前提となる。そこで、当該取得価額相当額の算定に当たっては、建物に係る客観的な資料などを勘案して採り得る合理的な方法に

よるべきところ、建物の当初の取得価額に含まれる当該各部分に係る工事費用については、請求人から建物内部の建築費用の内訳（工事ごとの内容や金額等）が分かる資料の提出はなく、建物の購入先及び建築業者においても資料の保存がない。

④　そうすると、上記事情が存する本件においては、建物の取得価額（建築費用）及び総床面積を基に1㎡当たりの建築単価を算出し、これに住宅ごとの台所部分及び浴室部分の床面積を乗じて算定した金額を取り壊した当該各部分に対応する取得価額相当額とし、これを基に住宅ごとの取壊し直前の台所部分及び浴室部分の未償却残額相当額を算定するのが、採り得る合理的な算定方法として相当というべきである。

⑤　以上のとおりであるから、本件建物の当初の取得価額（1,888,927,744円）を総床面積（8,570.84㎡）で除して1㎡当たりの建築単価を220,390円と算定し、これに各住宅の台所部分及び浴室部分の床面積を乗じて取り壊した台所部分及び浴室部分の各取得価額相当額を算出すると、別表9の「取得価額相当額」欄の各金額のとおりとなる。そして、この各取得価額相当額を基に取壊し直前の未償却残額相当額を算定すると別表11の1及び2の「資産損失額」欄の各金額のとおりとなる。

　　したがって、除却損失の金額は、平成21年分は1,991,034円、平成22年分は2,417,728円となる。

　台所部分及び浴室部分の各取得価額相当額を算出し、資産損失額を算定する算式は次のとおりです。

《算式》例えば314号室（床面積　75.97㎡、台所部分の床面積　2.104㎡の場合）

1,888,927,744円 ÷ 8,570.84㎡ ＝ 220,390円
（建物の当初の取得価額）（総床面積）（1㎡当たりの建築単価）

220,390円 × 2.104㎡ ＝ 463,701円
（1㎡あたりの建築単価）（314号室の台所の床面積）（台所部分の取得価額相当額）

台所部分の取得価額相当額－取得から除却までの減価償却費相当額

　＝資産損失額

　裁決結果は、一部取消しとなっていますが、納税者側の主張が認められて処分が一部取り消されたというのではなく、国税不服審判所が改めて工事の見積書を見直した結果、修繕費から資本的支出となり、また、資産損失額を建物の当初の取得価額をもとに計算し直すと原処分庁の更正処分を下回ったので、一部取消しとなったということになります。

## 5　分析してみる

### (1)　修繕費と資本的支出の区分

　まず、この裁決のメインテーマである資本的支出と修繕費についての区分ですが、法令解釈としては、①当該資産の使用可能期間を延長させる部分に対応する金額又は②その支出の時における当該資産の価額を増加させる部分に対応する金額は資本的支出に該当し、通常の維持管理のため、又は災害等により毀損した固定資産につきその原状を回復するために要したと認められる部分の金額が修繕費に該当します。これらの区分については、その支出した金額の内容及び支出効果の実質によって判断することになります。

　本事案では、システムキッチンもユニットバスも、建物の各住宅の台所及び浴室を全面的に取り壊し、その取り壊した場所に新たにシステムキッチン及びユニットバスを設置して、台所及び浴室を新設するという資本的支出が行われたと判断されました。また、これらは、「器具及び備品」でなく、「建物」に対するものであるとしました。

　この判断について、「建物」の耐用年数を使用するほどの価値が高まったのかという疑問もありますし、耐久性を考えると、「器具及び備品」の耐用年数の方がその資産に応じた減価償却費が計算されるような気がします。しかし、国税不服審判所は、建物の価値を高め、その耐久性を

増すことになるとして建物に対する資本的支出としました。

## ⑵　実務に活かせるポイント

　この裁決では、課税庁及び国税不服審判所ともに見積書などによりどのような工事が行われているか確認し、さらにこれらを細分化して、①建物の資本的支出、②少額減価償却資産の取得、③修繕費とに分けています。

　国税不服審判所の判断部分をまとめると、下記のようになります。

①　建物の資本的支出（新たなシステムキッチン及びユニットバスの取替えに要した費用／各製品の代金、取付施工費、給湯・給排水工事及びガス工事並びに当該壁下地工事）

②　少額減価償却資産の取得（洗面化粧台の取得に要した費用／取得価額が10万円未満）

③　修繕費（取替え前の流し台や風呂の解体撤去等に要した費用／建物の資本的支出となった部分を除く解体撤去等の費用）

　実務でも、同様に見積書などで、工事内容を確認し、それぞれに分類していくことになります。

　また、取壊し・廃棄部分の資産損失額の算出の計算方法は、実務に直結しています。建物の当初の取得価額（1,888,927,744円）を総床面積（8,570.84㎡）で除して1㎡当たりの建築単価を220,390円と算定し、これに各住宅の台所部分及び浴室部分の床面積を乗じて取り壊した台所部分及び浴室部分の各取得価額相当額を算出するなどは、要チェックの項目でしょう。このように、メインは、修繕費と資本的支出の区分についての考え方ですが、細かく裁決書を読んでいくと、実務に活かせるポイントは満載なのです。国税不服審判所のウェブサイトでは「国税不服審判所で行った裁決のうち、法令の解釈・適用について先例性があると認められるものなどについては、審査請求人の正当な権利・利益が害されることのないよう十分に配意した上で公表することとしています」としており、まさに実務的にも参考とすべきものが数多く存在しています。

## 事案3 税理士に伝えないということと重加算税の関係について

> 税務調査時の様子を想像しながら判決書や裁決書を読んでみよう。

　最近の公表裁決の傾向として、重加算税の事案が多いということが挙げられます。中には、そもそも重加算税の要件を理解しないまま賦課決定処分がなされている場合があるようにも見受けられます。税務調査時の税理士の対応を考える上でも、読む価値のあるものです。


## 1　紹介する裁決

令和元年 11 月 19 日公表裁決

　裁決結果：一部取消し／裁決番号：仙裁（諸）令元－ 7 ／出典：裁決事例集 117 集

　国税不服審判所のウェブサイトにて閲覧できます。


## 2　裁決の概要

　請求人の兄 F の死亡に際し、F の相続人である F の母は相続税の申告書の作成を J 税理士に依頼し、法定申告期限までに申告を行いました。その後、原処分庁による税務調査が行われ、F 名義の預金及び国債などの申告漏れがあることが判明し、母は修正申告を行いました。本件は、申告漏れ相続財産のうち、母が関与税理士に伝えなかった預金について、母がこれを隠蔽し、相続財産として申告しなかったとして、原処分庁が重加算税の賦課決定処分を行ったのに対し、母はこれら預金を隠蔽したものではないとして、母の死亡に伴い納税義務を承継した請求人が原処

分の一部の取消しを求めた事案です。

　母は、これら預金については、Ｆ死亡後に解約し、同支店の母名義の口座に預け入れていました。この事案では、母に国税通則法 68 条 1 項に規定する事実の隠蔽又は仮装の行為があったかが争点となっています。


## 3　裁決書を読む前に

　最近の重加算税賦課決定処分に多く見られる事例です。事実の隠蔽の具体的なものの一つとして、税理士に伝えなかったということが該当するかということです。

　正直、これは判断が難しいところです。伝えなかったと一概にいっても、①伝えなくてはいけないことだとわかっていて、あえて伝えなかった、②伝えなくてはいけないと思っていたが、うっかり忘れてしまった、③そもそも伝えなくてはいけないことかがわからなかったなどいろいろなケースがあります。過去の裁決例では、税理士が、相続税の申告手続等の説明に当たり、具体的な説明を行っていなかったとされた事例もあります（平成 30 年 10 月 2 日公表裁決／裁決事例集 113 集）。

　ここでは、重加算税の意義と賦課要件についての最高裁の判例をみていきます。

　重加算税と税理士との関係を扱ったものは、いくつかあります。本事例と最も近いものとすれば、平成 7 年 4 月 28 日最高裁判決（平成 6 年（行ツ）第 215 号／税務訴訟資料 209 号 571 頁）があります。

　この事例では、毎年確定申告書を提出していた給与所得者である会社役員が、株式の売買による所得を申告しなかったところ、課税庁より重加算税賦課決定処分をされた事案です。確定申告の際に、顧問税理士より株式等の取引について課税要件を満たしていればそれについても申告が必要であると何度も念を押されたにもかかわらず、資料を提出しな

かったものです。

　最高裁は、納税者のした本件の過少申告行為は、国税通則法68条1項所定の重加算税の賦課要件を満たすと判断をしました。ここでは、重加算税の賦課要件として「重加算税を課するためには、納税者のした過少申告行為そのものが隠ぺい、仮装に当たるというだけでは足りず、過少申告行為そのものとは別に、隠ぺい、仮装と評価すべき行為が存在し、これに合わせた過少申告がされたことを要するものである。しかし、右の重加算税制度の趣旨にかんがみれば、架空名義の利用や資料の隠匿等の積極的な行為が存在したことまで必要であると解するのは相当でなく、納税者が、当初から所得を過少に申告することを意図し、その意図を外部からもうかがい得る特段の行動をした上、その意図に基づく過少申告をしたような場合には、重加算税の右賦課要件が満たされるものと解すべきである」と判示しています。

　この判示は、今回の裁決においても、国税通則法68条の法令解釈として引用されています。

　つまり、重加算税の賦課要件としては、①納税者が、当初から所得を過少に申告することを意図し、②その意図を外部からもうかがい得る特段の行動をした上、③その意図に基づく過少申告をしたような場合が該当することになります。

## 4　裁決書を読んでみる

　では、ここから実際の裁決書を読んでみましょう。公表裁決は、国税不服審判所のウェブサイトにあります。事実や争点など色分けもしてあり、非常に読みやすいです。また、本事案は、争点が「本件預金の申告漏れについて、本件相続人に通則法第68条第1項に規定する事実の隠ぺい又は仮装の行為があったか否か」という1点なので、比較的簡素なものとなっています。

**＜法令解釈部分の判断＞**

　国税通則法68条1項に規定する重加算税の制度の趣旨は、納税者が過少申告をするについて隠ぺい又は仮装という不正手段を用いた場合に、過少申告加算税よりも重い行政上の制裁を科することによって、悪質な納税義務違反の発生を防止し、もって申告納税制度による適正な徴税の実現を確保しようとする行政上の措置である。

　したがって、重加算税を課するためには、納税者のした過少申告行為そのものが隠ぺい仮装に当たるというだけでは足りず、過少申告行為そのものとは別に、隠ぺい、仮装と評価すべき行為が存在し、これに合わせた過少申告がされたことを要するものである。

　しかし、上記重加算税制度の趣旨に鑑みれば、架空名義の利用や資料の隠匿等の積極的な行為が存在したことまで必要であると解するのは相当でなく、納税者が、当初から相続財産を過少に申告することを意図し、その意図を外部からもうかがい得る特段の行動をした上、その意図に基づく過少申告をしたような場合には、重加算税の賦課要件が満たされるものと解するのが相当である。

**＜事実認定を法令解釈に当てはめる＞**

　ここでは、大きく2つに分けられます。一つは税理士に伝えなかったということがどういう意味を持つのかということ、そして、もう一つは請求人の母に重加算税賦課要件が存在するのか否かということです。

① 税理士に伝えなかった点について

　原処分庁は、本件預金の申告漏れについて、相続人が本件預金の存在を知っていたにもかかわらず、J税理士へ預金の存在を伝えなかったことについて、事実の隠ぺいあるいは故意に脱漏したと評価できる旨主張する。

　しかしながら、この主張の根拠によれば、J税理士が調査担当職員に対し、「わたしにみせていないのだからそうなります。」と述べてい

るだけであって、申述時におけるJ税理士の認識を述べているに過ぎない。この申述内容からは、本件相続人がJ税理士に対して、預金の存在を、過失により伝えなかったのか、意図的に伝えなかったのかということまでは判別できず、あえて本件預金の存在を伝えなかったという意図まで読み取ることは到底できない。

そして、その他の原処分庁から提出されている証拠や当審判所に対するJ税理士の答述を踏まえても、本件相続人が預金の存在をJ税理士に伝えなかったことは認められるとしても、必ずしも相続人が本件預金を相続財産であることを認識した上で、あえてこれを伝えなかったとまで認めることはできない。

② 請求人の母に重加算税賦課要件があるか

本件相続人は、本件預金について自ら解約手続を行い、相続人名義の口座へ入金していた事実からすれば、相続人が預金の存在を知っていたことは認められる。しかしながら、本件相続人は、預金を原処分庁が容易に把握し得ないような他の金融機関や相続人名義以外の口座などに入金したのではなく、解約した預金の口座と同じ金融機関の相続人名義の口座に入金していたのである。また、本件相続人は、平成27年5月15日に当該入金をした後、平成30年4月26日に至っても当該口座を解約していなかった。これらのことからすると、本件相続人が原処分庁をして本件預金の発見を困難ならしめるような意図や行動をしているとは認められない。

さらに、本件相続人は、本件預金の預金通帳が使用済通帳として破棄できる状況にありながら、調査が行われるまで保管し、調査の際には、調査担当職員の求めに応じて、預金の使用済通帳を素直に提示していること、調査担当職員から本件預金を含めた被相続人名義の財産の申告漏れを指摘されると、特段の弁明をすることなく当該事実を認め、修正申告の勧奨に応じて修正申告をしていることなどの事情から

しても、相続人が、本件預金を故意に申告の対象から除外する意図があったものとは認め難い。そして、その他原処分関係資料及び当審判所の調査の結果によっても、本件預金を故意に申告の対象から除外したと推認させる事実を認めるに足りる証拠はない。

## ＜結論＞

これらによれば、本件相続人が当初から相続財産を過少に申告する意図を有し、その意図を外部からもうかがい得る特段の行動をした上、その意図に基づく過少申告をしたものと認めることはできない。

そうすると、国税通則法68条1項に規定する課税標準等の計算の基礎となるべき事実の隠ぺい又は仮装の行為があったとは認められない。

このようにして、重加算税賦課決定処分のうち、過少申告加算税相当額を超える部分の金額については、違法と判断され、処分が一部取り消されました。

## 5　分析してみる

この事例では、重加算税賦課要件について確認することができます。ここでは、重加算税の賦課要件として、①納税者が、当初から所得を過少に申告することを意図し、②その意図を外部からもうかがい得る特段の行動をした上、③その意図に基づく過少申告をしたような場合の3要件がなくてはいけないということがわかります。

本事案のように、税理士に伝えなかったという事実が、そもそも①の意図の存在に結びつくのかどうかは微妙なところです。逆にいうと、原処分庁は重加算税賦課決定処分を行う側ですので、その意図の存在を立証する必要があります。

本事案でその立証に使用されたのが、税理士の言葉でした。裁決書の

「4　当審判所の判断」の(3)に次の記述があります。

「本件調査担当職員が、平成30年4月26日付で作成した調査報告書には、要旨、本件調査担当職員が本件預金について、J税理士に『基本的には、先生に見せていないということは隠ぺいととられませんか。』と問い掛けたのに対し、J税理士は『わたしにみせていないのだからそうなります。』と申述した旨の記載があった。」

これをみると、J税理士へ預金の存在を伝えなかったことが、事実の隠蔽あるいは故意に脱漏したと評価できる旨の原処分庁の主張に繋がっています。

私は、この裁決を読んだ時に、この調査担当職員と税理士のやりとりに非常に驚きました。調査担当職員の「先生に見せていないということは隠ぺいととられませんか」という言葉は誘導尋問のように感じます。あえて、納税者の隠蔽の意図を税理士にも確認させているということです。国税不服審判所は、この部分を「申述時におけるJ税理士の認識を述べているに過ぎない」と判断していますが、一歩間違えると、納税者の過少に申告することの意図を税理士が立証するということにもなりかねません。

この裁決を読むと、重加算税賦課要件をしっかり確認する必要性はもちろん、税務調査時に調査担当職員と会話をするときの心構えや、このような誘導尋問を受けた際の答え方などを考えさせられます。

この裁決は、公表されていますが、先例的なものでないため、雑誌等でも取り上げられてはいません。しかし、判決や裁決の一つ一つが、既に発生した納税者との紛争であると考えると、主要な判断に限らず、実務家として参考になる部分は、全ての判決や裁決に存在しているのです。

◆　　　　　　◆

判決書や裁決書には、実務家にとって役立つ事柄が数多くあります。

主要な部分のみに目が行きがちですが、読むのに慣れてきましたら、認定事実の部分にも注目してください。実務に役立つ事柄がきっとあるはずです。

## 第5節 | 税理士の腕の見せどころ

　判決書や裁決書を読む理由は、一つではありません。もっと自由に読んでみませんか。例えば、お気に入りの弁護士、補佐人税理士や裁判官を見つけて、その方が携わったものを読んでみるなども一つの方法です。

　平成14年4月1日に、税理士法に補佐人税理士制度（税理士法2の2）が導入されました。制度導入以前は、税理士は民事訴訟法60条の補佐人として出頭することが認められていましたが、制度導入後は納税者と共に裁判の当事者として加わることができるようになりました。ここでは、補佐人税理士に注目して、彼らが活躍した判決を選んでみましたので、その軌跡を追ってみましょう。

### 事案1 右山事件

> 税理士、ここにあり！
> 最初に補佐人税理士制度を世に知らしめた訴訟

　右山事件…税理士の名前がそのまま事件名となっているほど有名なものです。税理士が補佐人税理士として裁判で納税者と共に闘う。そして、裁判で納税者の請求が認められると、今まで当たり前と思われていた実務が一変するという流れを初めて示した事案です。

### 1 紹介する判決

① 平成12年12月21日東京地裁
　　裁判結果：棄却／事件番号：平成12年（行ウ）第57号／出典：

税務訴訟資料 249 号 1238 頁

② 平成 13 年 6 月 27 日東京高裁

　裁判結果：棄却／事件番号：平成 13 年（行コ）第 12 号／出典：税務訴訟資料 250 号順号 8931

③ 平成 17 年 2 月 1 日最高裁

　裁判結果：破棄自判・確定／事件番号：平成 13 年（行ヒ）第 276 号／出典：税務訴訟資料 255 号順号 9918

いずれも裁判所のウェブサイト（行政事件裁判例集、最高裁判所判例集）で検索可能です。

## 2　判決の概要

甲は、父 A から平成 5 年にゴルフ会員権の贈与を受け、名義書換手数料として 82 万 4,000 円を支払いました。その後、甲は、平成 9 年にそのゴルフ会員権を譲渡し、譲渡所得金額の計算上、上記名義書換料を資産の取得費として計上したところ、課税庁より所得税の更正処分等を受けた事案です。

## 3　判決書を読む前に

今の実務家からすると、上記の名義書換料は当然に取得費になるものだと思われます。所得税基本通達 60 － 2 にも、「当該贈与等に係る受贈者等が当該資産を取得するために通常必要と認められる費用を支出しているときには、当該費用のうち当該資産に対応する金額については、37 － 5 及び 49 － 3 の定めにより各種所得の金額の計算上必要経費に算入された登録免許税、不動産取得税等を除き、当該資産の取得費に算入できることに留意する」とあり、取得費に該当するとあります。

しかし、この係争当時には、そのような考え方はありませんでしたし、

実務上の取扱いもありませんでした。従前は、どうしてこのような考え方となっていたのか。判決書を読む前に、贈与により取得した資産を譲渡した場合の取扱いについて確認していきます。

## ⑴　贈与により取得した資産を譲渡した場合の取扱い

　所得税法60条1項1号では、贈与により取得した資産を譲渡した場合の譲渡所得の計算については、その者が引き続きこれを所有していたものとみなすとしています。つまり、贈与をした者の取得費、取得時期を引き継ぐというものです。

　譲渡所得の趣旨としては、昭和43年10月31日最高裁判決（昭和41年（行ツ）第8号／集民92号797頁）で「譲渡所得に対する課税は、…（中略）…資産の値上りによりその資産の所有者に帰属する増加益を所得として、その資産が所有者の支配を離れて他に移転するのを機会に、これを清算して課税する趣旨」と判示されています。これに贈与の場合を当てはめると、当初の持ち主である贈与者を起点として、その後受贈者に所有権が移転し、その後、その受贈者が第三者に譲渡した時に初めて精算されると考えることができ、所得税法60条の規定を理解することができます。

## ⑵　課税庁の主張からみる贈与により取得した資産の取得費の取扱い

　第一審である東京地裁の判決書の「被告の主張」では、所得税法60条の条文を取り上げ、「贈与による資産の所有権の移転にかかわらず、受贈者が当該資産を贈与の前から引き続き所有していたものとして右の増加益が算出されることになるから、贈与により取得した資産を譲渡した場合における所得税法38条1項に規定する『資産の取得に要した費用』の範囲については、贈与者が当該資産を取得するのに要した金額をいうと解するべきである」としています。つまり、贈与者が取得に要した費用しか控除は認めないということです。そのように考えると、今回

の事案では、受贈者が支出した名義書換料は控除が認められないということになります。上記理由により、課税庁は、甲の譲渡所得に対し、更正処分を行ったのでした。

　では、このような課税庁の主張に対し、裁判所はどう判断したのか。そして、その判断がその後の譲渡所得の実務にどのような変化を及ぼしたのか。判決書を読んでいきましょう。

## 4　判決書を読んでみる

　ここからは、実際の判決書を読んでいきます。争点をみると、名義書換料が、取得費に該当するのか（争点1）と譲渡費用に該当するのか（争点2）があります。しかし、譲渡に際し支出した費用でないことは明らかなため、争点2については、省略いたします。

### ⑴　平成 12 年 12 月 21 日東京地裁
　まずは、納税者の主張を斥けた地裁判決からです。

**＜法令解釈部分の判断＞**
①　所得税法が贈与による資産の所有権移転の場合における譲渡所得課税を繰り延べ、その後、当該資産が受贈者の支配を離れて他に移転する機会をとらえて、贈与者の取得の時以来清算されることなく蓄積されてきた資産の増加益を課税の対象としているのであるから、右増加益の算出上、譲渡による収入金額から控除すべき「資産の取得に要した金額」は、贈与者の取得の時において当該資産の客観的価格を構成すべき取得代金の額及び当該資産を取得するための付随費用でなければならない。
②　所得税法 60 条により、贈与の前後を通じて贈与者が引き続き当該資産を所有していたものとみなされる以上、譲渡所得の算出に当たっ

ては、贈与の事実はなかったものと考えるべきであり、そうである以上受贈者が自己への所有権移転のために支払った費用も一切無視するほかないのである。

### ＜事実認定を法令解釈に当てはめる＞

本件会員権は、原告が、Ａから贈与を受けたものであり、本件手数料は、会員権の名義をＡから原告に書き換える際の手数料である。

そうすると、本件手数料は、贈与者であるＡによる会員権の取得時において、会員権の客観的価格を構成するものではなく、Ａが会員権を取得するための付随費用でもないから、本件会員権との関係で、所得税法38条1項にいう「資産の取得に要した費用」ということはできない。

### ＜結論＞

したがって、譲渡所得金額の計算上、本件手数料を譲渡所得に係る総収入額から控除できないとした本件各処分は、所得税法38条1項に反するものではない。

非常に簡素な判決書です。ほぼ、課税庁側の条文解釈をそのまま踏襲した判断であり、贈与により取得した資産を譲渡した場合には贈与の事実はなかったものと考えるという少し強引な解釈となっています。では、続く控訴審はどうだったのでしょうか。

### (2)　平成13年6月27日東京高裁

控訴審において、納税者側は、「明文の規定がなくとも、資産の取得に要した付随費用も、『その資産の取得に要した金額』に含まれるという解釈が導かれるのであって、このような取得費には、その資産の取得対価に限らず、資産の取得のために実質的に欠かせない費用も含まれる」として、名義書換料もその保有を確実にするために必要不可欠な費用で

あるから取得費に含まれると主張しましたが、東京高裁の判断は、控訴棄却でした。

## ＜法令解釈部分の判断＞

① 所得税法が、贈与の時点において譲渡所得課税を繰り延べ、受贈者が当該資産を譲渡する機会に課税することとしたのは、贈与のような無償譲渡行為により所有権が移転する場合には、移転の時点における資産の客観的な価額が移転の対価として具現することはなく、贈与者の下における資産の増加益が顕在化しないのであるから、その時点では清算を行わず、後日受贈者が増加益が顕在化するような譲渡行為をした時点で清算を行おうとしたものであり、同法60条は、この趣旨を明らかにしたものに他ならない。

② 受贈者が当該資産を譲渡した場合の譲渡所得金額は、当然に贈与者が所有していた当時と受贈者の所有当時を通算した期間において生じた増加益、すなわち、贈与者が取得した時点における資産の価額と受贈者の譲渡時点における価額との差額ということになるから、上記増加益の算出上、受贈者が当該資産を譲渡したことによる収入金額から控除すべき「資産の取得に要した金額」とは、贈与者の取得の時において当該資産の客観的価格を構成すべき取得代金の額及び当該資産を取得するための付随費用と解すべきことになる。

③ 受贈者が所有する資産についての譲渡所得課税においては、所得税法60条1項により、贈与の前後を通じて贈与者が引き続き当該資産を所有していたものとみなされるのであるから、課税庁としては、譲渡所得金額を算定するに当たり、中間の贈与の事実はなかったものと扱う以外になく、そうであれば、受贈者が自己への所有権移転のために支払った費用があったとしても、それを一切無視せざるを得ないことになる。

**＜事実認定を法令解釈に当てはめる＞**

　本件会員権は、控訴人がＡから贈与を受けたものであり、本件手数料は、会員権の名義をＡから控訴人に書き換える際の名義書換手数料であるから、贈与者であるＡが本件会員権を取得した時点における会員権の客観的価格を構成するものではないし、Ａが会員権を取得するための付随費用でもない。

**＜結論＞**

　本件手数料は、本件会員権との関係で、所得税法38条1項にいう資産の取得費に当たると解することはできない。

　本件譲渡所得金額の計算においては、控訴人がＡから会員権の贈与を受けた事実も、その際に控訴人が本件手数料を支払った事実も、一切なかったものとみなすことになるから、被控訴人が、所得税法38条1項にいう「資産の取得に要した金額」に当たらないとして本件手数料の金額を総収入金額から控除しなかったことは、適法であるといわなければならない。

　東京高裁の判断でも、所得税法60条1項が、贈与者の取得費・取得時期を引き継ぐという規定となっていることを引き合いに出し、「中間の贈与の事実はなかったものと扱う」と判断しています。地裁とほぼ同じ判断となりました。

### (3)　平成17年2月1日最高裁

　このように、地裁・高裁と納税者の主張は棄却されていました。納税者は、高裁判決後の平成13年、最高裁に上告受理申立てを行いました。その後、最高裁から上告審として受理する旨の通知が来たのが、平成16年10月。口頭弁論が行われ、最高裁の判決が出されたのが、平成17年2月のことでした。結果は、破棄自判。つまり、原判決である

東京高裁判決を破棄し、最高裁判所が自ら判断をしたということになります。

### ＜法令解釈部分の判断＞

① 　所得税法60条1項は、居住者が同項1号所定の贈与、相続（限定承認に係るものを除く。）又は遺贈（包括遺贈のうち限定承認に係るものを除く。）により取得した資産を譲渡した場合における譲渡所得の金額の計算について、その者が引き続き当該資産を所有していたものとみなす旨を定めている。譲渡所得課税の趣旨からすれば、贈与、相続又は遺贈であっても、当該資産についてその時における価額に相当する金額により譲渡があったものとみなして譲渡所得課税がされるべきところ、同法60条1項1号所定の贈与等にあっては、その時点では資産の増加益が具体的に顕在化しないため、その時点における譲渡所得課税について納税者の納得を得難いことから、これを留保し、その後受贈者等が資産を譲渡することによってその増加益が具体的に顕在化した時点において、これを清算して課税することとしたものである。同項の規定により、受贈者の譲渡所得の金額の計算においては、贈与者が当該資産を取得するのに要した費用が引き継がれ、課税を繰り延べられた贈与者の資産の保有期間に係る増加益も含めて受贈者に課税されるとともに、贈与者の資産の取得の時期も引き継がれる結果、資産の保有期間については、贈与者と受贈者の保有期間が通算されることとなる。

② 　同法60条1項の規定の本旨は、増加益に対する課税の繰延べにあるから、この規定は、受贈者の譲渡所得の金額の計算において、受贈者の資産の保有期間に係る増加益に贈与者の資産の保有期間に係る増加益を合わせたものを超えて所得として把握することを予定していないというべきである。そして、受贈者が贈与者から資産を取得するための付随費用の額は、受贈者の資産の保有期間に係る増加益の計算に

243

おいて、「資産の取得に要した金額」として収入金額から控除されるべき性質のものである。そうすると、上記付随費用の額は、同法60条1項に基づいてされる譲渡所得の金額の計算において「資産の取得に要した金額」に当たると解すべきである。

### ＜事実認定を法令解釈に当てはめる＞

本件手数料は、上告人が本件会員権を取得するための付随費用に当たるものであり、上告人の会員権の保有期間に係る増加益の計算において「資産の取得に要した金額」として収入金額から控除されるべき性質のものということができる。したがって、本件譲渡所得金額は、本件手数料が「資産の取得に要した金額」に当たるものとして、これを計算すべきである。

### ＜結論＞

以上と異なる原審の判断には、判決に影響を及ぼすことが明らかな法令の違反がある。論旨は理由があり、原判決は破棄を免れない。

結果、最後の最高裁で納税者の主張が認められ、処分は取り消されることとなり、確定しました。課税庁が、甲に更正処分を行ったのが、平成10年11月25日。更正処分から約6年2か月後、ようやく裁判が決着したのでした。

## 5　分析してみる

最高裁の判断は、まず所得税法60条1項1号に規定する贈与により取得した資産を譲渡した場合について、贈与者の資産の保有期間に係る増加益も含めて受贈者に課税されるとともに、贈与者の資産の取得の時期も引き継がれる結果、資産の保有期間については、贈与者と受贈者の

保有期間が通算されるとし、その上で、この規定の本質は、増加益に対する課税の繰延べであるとしました。

　増加益に対する課税の繰延べであるならば、受贈者の資産の保有期間に係る増加益に贈与者の資産の保有期間に係る増加益を合わせたものを超えて所得として把握することを予定していません。その上で、受贈者が贈与者から資産を取得するための付随費用の額は、受贈者の資産の保有期間に係る増加益の計算において、「資産の取得に要した金額」として収入金額から控除されるべき性質のものであるので、「資産の取得に要した金額」に該当するとしました。まさに、この最高裁の判断は、所得税法の譲渡所得の趣旨を踏まえた上での判断となっています。

　最高裁でこのような判断がなされたことを受け、国税庁はウェブサイトに取扱いの変更を掲載しました。これにより、現在では、株式の名義書換料を始め、不動産の登記費用なども取得費に含まれるのはご存知のとおりです。

　さて、最後に、この裁判では、甲の父Aが補佐人税理士となっています。判決書の当事者の欄をみてみると、地裁と高裁では、原告と訴訟代理人弁護士のみ記載されており、最高裁になって初めて当事者目録に補佐人税理士が記されています。税理士法に補佐人税理士制度が導入されたのは平成14年4月1日ですので、地裁、高裁時には、補佐人税理士名がないのは致し方ないことです。

　最高裁の口頭弁論では、所得税法60条1項の立法趣旨や沿革から、東京高裁での法令解釈は誤りである旨主張がなされました。税理士という税の専門家の特性を活かした主張を裁判で行う。まさに、補佐人税理士制度が求めていたことが実現した瞬間でした。

　そして、この右山事件により、補佐人税理士制度が世間に広く知られることとなったのです。

### 事案2　長崎年金訴訟

> 本人訴訟からの大逆転、
> まさに補佐人税理士ブームの火付け役

　右山事件により補佐人税理士制度が広く知られるようになりましたが、なかなか実務家の税理士との接点が持てないものでもありました。次の長崎年金訴訟は、実務家の税理士が判決や裁決に触れるきっかけとなる一大ブームを作りました。


## 1　紹介する判決

①　平成18年11月7日長崎地裁
　　裁判結果：認容／事件番号：平成17年（行ウ）第6号／出典：訟務月報54巻9号2110頁、税務訴訟資料256号順号10564
②　平成19年10月25日福岡高裁
　　裁判結果：原判決取消し／事件番号：平成18年（行コ）第38号／出典：訟務月報54巻9号2090頁、税務訴訟資料257号順号10803
③　平成22年4月27日最高裁
　　裁判結果：上告棄却・確定／出典：税務訴訟資料260号順号11428
④　平成22年4月27日最高裁
　　裁判結果：上告受理・確定／出典：税務訴訟資料260号順号11429
⑤　平成22年7月6日最高裁
　　裁判結果：破棄自判・確定／事件番号：平成20年（行ヒ）第

16 号／出典：民集 64 巻 5 号 1277 頁、税務訴訟資料 260 号順号 11470

①②⑤は裁判所のウェブサイト（下級裁判所裁判例速報、行政事件裁判例集、最高裁判所判例集）で検索できます。

## 2　判決の概要

本件は、原告Ａの夫ＰがＱ保険相互会社との間で締結していた生命保険契約（被保険者及び契約者はＰ、受取人Ａ）について発生した保険事故（Ｐの死亡）に基づいて、Ａが平成 14 年に受け取った年金払保障特約年金 220 万 8,000 円（230 万円から必要経費を控除した金額）を、長崎税務署長が、Ａの雑所得に当たるとして、平成 14 年分の所得金額に加算して所得税の更正処分を行ったため、Ａがその取消しを求めた事案です。

Ｐは、平成 8 年にＱ社との間で年金払生活保障特約付終身保険契約を締結しました。この保険契約では、保険事故が発生した場合に主契約に基づいて支払われる一時金に加え、生活保障のため特約年金が支払われる特約（年金払生活保障特約条項、主契約の受取人に対して年金額 230 万円を 10 年間支払う）が付されています。

Ｐが平成 14 年に死亡し、Ａは、Ｐの死亡により、上記保険契約に基づき、死亡保険金 4,000 万円を受け取り、年金払生活保障特約年金として、平成 14 年 10 月 28 日から平成 23 年まで、毎年 10 月 28 日に 230 万円ずつ受け取る権利を取得しました。

Ａは、平成 15 年に被相続人をＰとする相続税の申告書を提出しており、その申告書の中には、上記年金受給権の総額 2,300 万円に 0.6 を乗じた 1,380 万円が相続財産として含まれていました。

## 3　判決書を読む前に

　この裁判には、まず、相続税と所得税の二重課税という問題とドラマティックに展開した租税訴訟としての面があると思います。それぞれについて確認していきます。

### (1)　相続税と所得税の二重課税

　この裁判の原告であるAは、亡くなったPがQ社との間で締結していた保険契約のうち年金部分について、相続財産として申告していたにもかかわらず、その後課税庁よりAの雑所得として更正処分がなされました。これだけ読むと、確かに相続税と所得税の二重課税ではないかとの疑問もありますが、当時の実務ではAの雑所得とする取扱いがなされていました。

　相続税法3条1項1号では、被相続人の死亡により相続人その他の者が生命保険契約の保険金又は損害保険契約の保険金を取得した場合においては、保険金受取人が、その保険金のうち被相続人が負担した保険料の金額のその契約に係る保険料で被相続人の死亡の時までに払い込まれたものの全額に対する割合に相当する部分を相続又は遺贈により取得したものとみなすとしています。また、相続税法基本通達3－6により、相続又は遺贈により取得したものとみなされる保険金には、一時金により支払を受けるもののほか、年金の方法により支払を受けるものも含まれるとされています。有期定期金に関する権利の場合は、その契約に関する権利を取得した時における定期金の残りの期間に応じ、当該契約に基づき給付を受けるべき金額の1年当たりの平均額に、当該契約に係る予定利率による複利年金現価率を乗じて得た金額が、権利の価額となります（相法24①一ハ）。

　今回のAの場合には、一時金で受け取る保険金の他に、年金総額に0.6を乗じた金額が相続税法上の財産となるわけです。その意味で、Aの相

続税の申告には、誤りはありません。

　一方、年金については、雑所得（所法35）と規定されていますが、所得税法9条1項16号（係争当時は15号）に相続、遺贈又は個人からの贈与により取得するものは、非課税とされています。これは、相続税と所得税が二重に課されることを避けるためのものであります。

　では、この年金払生活保障特約条項により受け取る年金の課税については、単純に非課税かというとそうではありません。判決書でも出てきますが、この年金については、年金受給権（基本権）と支分権に分けることができます。この判決では、まず、この年金は基本権と支分権に分けることができ、それぞれの課税関係を考えるというところがポイントとなります。

## ⑵　本人訴訟からの逆転劇

　この裁判は、非常にドラマティックです。裁判結果をみると、第一審は認容、つまり納税者の主張が認められています。しかし、その控訴審では、原判決取消しとして一転国が勝訴します。そして、最高裁では最終的に納税者の主張が認められるという逆転に次ぐ逆転の判決です。

　地裁の判決書の当事者をみると、「原告　A」の後は、すぐに被告となっています。多くの租税訴訟では、原告の後には、弁護士名や補佐人税理士の名がありますが、この地裁判決には、それがありません。このように、原告本人のみで訴訟を行うことを本人訴訟といいます。つまり、地裁は、納税者たった一人で訴訟を行ったということです。その後、高裁からは、弁護士と補佐人税理士とともに訴訟は行われています。

　当初、弁護士等をつけずに租税訴訟を戦い、最後には、弁護士そして補佐人税理士のサポートを受け、最高裁で逆転勝訴をつかむというのは、まさに夢のような話です。最高裁判決後、補佐人税理士を務めた方が、税務雑誌や研修会などで裁判について熱く語っているということもあり、実務家にとっても非常に印象的で、補佐人税理士が租税訴訟で活

躍するのを身近で感じ取ることができた裁判であったといえます。

## 4　判決書を読んでみる

　では、ここから実際の判決書を読んでいきましょう。まずは、納税者Aの主張を認めた地裁判決からです。

### ⑴　平成18年11月7日長崎地裁

　まず、判決書の中身を読む前に、当事者をみてください。原告のところは原告名だけです。一方、被告は指定代理人に12名の名前があります。国側の勝訴率が高い租税訴訟に本人訴訟で臨むというのは、大変勇気がいることだったろうと想像します。

　では、中身をみていきます。

#### ＜法令解釈部分の判断＞

　相続税法3条1項は、相続という法律上の原因に基づいて財産を取得した場合でなくとも、実質上相続によって財産を取得したのと同視すべき関係にあるときは、これを相続財産とみなして相続税を課することとし、他方所得税法9条1項15号は、このように相続税を課することとした財産については、二重課税を避ける見地から、所得税を課税しないものとしている。このような税法の規定からすると、相続税法3条1項によって相続財産とみなされて相続税を課税された財産につき、これと実質的、経済的にみれば同一のものと評価される所得について、その所得が法的にはみなし相続財産とは異なる権利ないし利益と評価できるときでも、その所得に所得税を課税することは、所得税法9条1項15号によって許されないものと解するのが相当である。

## ＜事実認定を法令解釈に当てはめる＞

①　本件年金受給権は、Ｐを契約者兼被保険者とし、原告を保険金受取人とする生命保険契約に基づくものであり、その保険金は保険事故が発生するまでＰが払い込んだものであるから、年金の形で受け取る権利であるとしても、実質的にみて原告が相続によって取得したのと同視すべき関係にあり、相続税法3条1項1号に規定する「保険金」に当たると解するのが相当である。そして、本件年金受給権の価額は、同法24条に基づいて評価されることになるが、同条1項1号によると、有期定期金は、その残存期間に受けるべき給付金の総額に、その期間に応じた一定の割合を乗じて計算した金額とされている。この割合は、将来支給を受ける各年金の課税時期における現価を複利の方法によって計算し、その合計額が支給を受けるべき年金の総額のうちに占める割合を求め、端数整理をしたものだといわれている。

②　他方、本件年金は、年金受給権に基づいて保険事故が発生した日から10年間毎年の応答日に発生する支分権に基づいて原告が保険会社から受け取った最初の現金である。上記支分権は、年金受給権の部分的な行使権であり、利息のような元本の果実、あるいは資産処分による資本利得ないし投資に対する値上がり益等のように、その利益の受領によって元本や資産ないし投資等の基本的な権利・資産自体が直接影響を受けることがないものとは異なり、これが行使されることによって基本的な権利である年金受給権が徐々に消滅していく関係にあるものである。

③　上記のように、相続税法による年金受給権の評価は、将来にわたって受け取る各年金の当該取得時における経済的な利益を現価（正確にはその近似値）に引き直したものであるから、これに対して相続税を課税した上、更に個々の年金に所得税を課税することは、実質的・経済的には同一の資産に関して二重に課税するものであることは明らかであって、所得税法9条1項15号の趣旨により許されないものとい

わなければならない。

④　確かに、本件年金は、支分権という、年金受給権（基本権）と法的には異なる権利に基づいて取得した現金であるとはいえる。しかし、基本権と支分権は、基本権の発生原因たる法律関係と運命を共にする基本権と一たび具体的に発生した支分権との独立性を観念する概念であり、債権の消滅時効の点（民法168条、169条）などにおいて実際上の差異が生じるものであるが、この観念を、所得税法9条1項15号の解釈において、二重課税か否かを区別する指標であり二重課税であることを否定すべき事情と考えるべき根拠には乏しく（なお、相続税法3条1項1号の「保険金」を直ちに「保険金受給権」と解すべき根拠になるとも考えにくい）、今後受け取るべき年金の経済的利益を原価に引き直して課税しているのが年金受給権への相続税課税である以上、このような経済的実質によって、二重課税か否かを区別することが所得税法9条1項15号の趣旨に沿う。

**＜結論＞**

そうすると、本件年金を雑所得と認定して原告の所得に加算した本件処分は違法であり、取消を免れない。

長崎地裁では、所得税法9条1項15号（現行16号）により非課税であると判断しています。ただし、基本権と支分権については、法的には異なる権利と認めていましたが、それを課税に落とし込んではいませんでした。その意味では、納税者の主張が認められたとはいえ、租税法の解釈としては、不十分な判断でもあります。

### (2)　平成19年10月25日福岡高裁

次に、一転国側の主張を認めた高裁判決です。逆転判決の場合には、法令解釈がポイントとなります。なお、当事者をみますと、高裁より弁

252

護士と補佐人税理士の名前が納税者の下に記載されています。

## ＜法令解釈部分の判断＞

①　所得税法9条1項15号は、相続、遺贈又は個人からの贈与により取得するものについては、所得税を課さない旨を規定している。その趣旨は、相続、遺贈又は個人からの贈与により財産を取得した場合には、相続税法の規定により相続税又は贈与税が課されることになるので、二重課税が生じることを排除するため、所得税を課さないこととしたものと解される。この規定における相続により取得したものとみなされるものとは、相続税法3条1項の規定により相続したものとみなされる財産を意味することは明らかである。そして、その趣旨に照らすと、所得税法9条1項15号が、相続ないし相続により取得したものとみなされる財産に基づいて、被相続人の死亡後に相続人に実現する所得に対する課税を許さないとの趣旨を含むものと解することはできない。

②　被相続人が自己を保険契約者及び被保険者とし、共同相続人の1人又は一部の者を保険金受取人と指定して締結した生命保険契約において、被相続人の死亡により保険金受取人が取得するものは、保険金という金銭そのものではなく、保険金請求権という権利であるから、相続税法3条1項1号にいう「保険金」は保険金請求権を意味するものと解される。

　　そうすると、相続税法3条1項1号及び所得税法9条1項15号により、相続税の課税対象となり、所得税の課税対象とならない財産は、保険金請求権という権利ということになる。

## ＜事実認定を法令解釈に当てはめる＞

①　本件年金受給権は、Ｐを契約者及び被保険者とし、被控訴人を保険金受取人とする生命保険契約に基づくものであり、その保険料は保険

事故が発生するまでPが払い込んだものであって、年金の形で受け取る権利であるが、Pの相続財産と実質を同じくし、Pの死亡を基因として生じたものであるから、相続税法3条1項1号に規定する「保険金」に該当すると解される。そうすると、被控訴人は、Pの死亡により、本件年金受給権を取得したのであるから、その取得は相続税の課税対象となる。

② 被控訴人は、将来の特約年金の総額に代えて一時金を受け取るのではなく、年金により支払を受けることを選択し、特約年金の最初の支払として本件年金を受け取ったものである。本件年金は、10年間、保険事故発生日の応当日に年金受給権に基づいて発生する支分権に基づいて、被控訴人が受け取った最初の現金というべきものである。そうすると、本件年金は、年金受給権とは法的に異なるものであり、Pの死亡後に支分権に基づいて発生したものであるから、相続税法3条1項1号に規定する「保険金」に該当せず、所得税法9条1項15号所定の非課税所得に該当しないと解される。したがって、本件年金に係る所得は所得税の対象となるものというべきである。

③ 所得税法207条は、居住者に対し国内において同法76条3項1号から4号までに掲げる契約等に基づく年金の支払をする者は、その支払の際、その年金について所得税を源泉徴収しなければならない旨を規定しているところ、同法76条3項1号は、生命保険会社の締結した生命保険契約のうち「生存又は死亡に基因して一定額の保険金が支払われるもの」で、当該契約に基づく保険金、年金等の受取人のすべてをその保険料等の払込みをする者又はその配偶者その他の親族とするものを掲げている。上記各規定によれば、居住者に対し所定の生命保険契約に基づく死亡保険金として年金の支払をする者が、その支払の際、その年金について所得税を源泉徴収しなければならないことは明らかである。したがって、上記各規定は、所得税法が、所定の生命保険契約に基づいて、死亡保険金として年金の支払を受ける者に所

得が生じることを当然の前提としているものと解される。

**＜結論＞**
　本件更正処分は、適法である。

　高裁判決は、Ａが取得した年金が年金受給権ではなく、年金受給権に基づく支分権によるものとして、相続税法３条１項１号に規定する「保険金」に該当せず、ゆえに所得税法上の非課税にも該当しないとしました。また、所得税法 207 条の源泉徴収義務の規定を引用して、そもそもこのような年金に対しては所得税が課されることが前提であったと判断しています。
　それでは、最後に最高裁をみていきます。

### ⑶　平成 22 年４月 27 日最高裁

　最高裁は、計３件ありますが、うち平成 22 年４月 27 日付の判決が２件あります。１件は、主文に上告を棄却するとあり、民事訴訟法 312 条に照らし、憲法解釈の誤りや憲法違反などではないため、棄却されています。
　一方、もう１件は、主文に「上告審として受理する」とあります。つまり、最高裁で審理するという決定を表しています。この最高裁の決定を受けて、その後、同年７月６日の最高裁判断へとつながっていくのです。

### ⑷　平成 22 年７月６日最高裁

　最高裁が破棄自判した判決です。当事者目録では、課税庁側の指定代理人の数の多さに驚きます。それだけ、国側も力を入れていた裁判ということがうかがえます。
　最高裁では、所得税の課税の対象か否かだけでなく、所得税法 207

条による支払者に対する源泉徴収義務についても判断がなされています。

### ＜法令解釈部分の判断＞

①　所得税法9条1項は、その柱書きにおいて「次に掲げる所得については、所得税を課さない。」と規定し、その15号において「相続、遺贈又は個人からの贈与により取得するもの（相続税法の規定により相続、遺贈又は個人からの贈与により取得したものとみなされるものを含む。）」を掲げている。同項柱書きの規定によれば、同号にいう「相続、遺贈又は個人からの贈与により取得するもの」とは、相続等により取得し又は取得したものとみなされる財産そのものを指すのではなく、当該財産の取得によりその者に帰属する所得を指すものと解される。そして、当該財産の取得によりその者に帰属する所得とは、当該財産の取得の時における価額に相当する経済的価値にほかならず、これは相続税又は贈与税の課税対象となるものであるから、同号の趣旨は、相続税又は贈与税の課税対象となる経済的価値に対しては所得税を課さないこととして、同一の経済的価値に対する相続税又は贈与税と所得税との二重課税を排除したものであると解される。

②　相続税法3条1項1号は、被相続人の死亡により相続人が生命保険契約の保険金を取得した場合には、当該相続人が、当該保険金のうち被相続人が負担した保険料の金額の当該契約に係る保険料で被相続人の死亡の時までに払い込まれたものの全額に対する割合に相当する部分を、相続により取得したものとみなす旨を定めている。上記保険金には、年金の方法により支払を受けるものも含まれると解されるところ、年金の方法により支払を受ける場合の上記保険金とは、基本債権としての年金受給権を指し、これは同法24条1項所定の定期金給付契約に関する権利に当たるものと解される。

③　そうすると、年金の方法により支払を受ける上記保険金（年金受給

権）のうち有期定期金債権に当たるものについては、同項１号の規定により、その残存期間に応じ、その残存期間に受けるべき年金の総額に同号所定の割合を乗じて計算した金額が当該年金受給権の価額として相続税の課税対象となるが、この価額は、当該年金受給権の取得の時における時価（同法22条）、すなわち、将来にわたって受け取るべき年金の金額を被相続人死亡時の現在価値に引き直した金額の合計額に相当し、その価額と上記残存期間に受けるべき年金の総額との差額は、当該各年金の上記現在価値をそれぞれ元本とした場合の運用益の合計額に相当するものとして規定されているものと解される。したがって、これらの年金の各支給額のうち上記現在価値に相当する部分は、相続税の課税対象となる経済的価値と同一のものということができ、所得税法９条１項15号により所得税の課税対象とならないものというべきである。

④　所得税法207条所定の生命保険契約等に基づく年金の支払をする者は、当該年金が同法の定める所得として所得税の課税対象となるか否かにかかわらず、その支払の際、その年金について同法208条所定の金額を徴収し、これを所得税として国に納付する義務を負うものと解するのが相当である。

### ＜事実認定を法令解釈に当てはめる＞

①　本件年金受給権は、年金の方法により支払を受ける上記保険金のうちの有期定期金債権に当たり、また、本件年金は、被相続人の死亡日を支給日とする第１回目の年金であるから、その支給額と被相続人死亡時の現在価値とが一致するものと解される。そうすると、本件年金の額は、すべて所得税の課税対象とならないから、これに対して所得税を課することは許されないものというべきである。

②　Q生命が本件年金についてした同条所定の金額の徴収は適法であるから、上告人が所得税の申告等の手続において上記徴収金額を算出所

> 得税額から控除し又はその全部若しくは一部の還付を受けることは許
> されるものである。

### <結論>

> 　以上によれば、本件年金の額から必要経費を控除した220万8,000
> 円を上告人の総所得金額に加算し、その結果還付金の額が19万7,864
> 円にとどまるものとした本件処分は違法であり、本件処分のうち総所得
> 金額37万7,707円を超え、還付金の額22万3,464円を下回る部分は
> 取り消されるべきである。

　この最高裁判決により、処分が取り消されることとなりました。


## 5　分析してみる

　ここでは、まず、最高裁判決についての法令解釈の分析とこの訴訟に
おける補佐人税理士の活躍について検討してみます。


### (1)　最高裁判決について

　最高裁では、年金の方法により支払を受ける場合に、相続税法3条1
項1号にいう保険金とは基本債権としての年金受給権を指し、同時に、
所得税法9条1項15号（現行16号）により所得税の課税対象となら
ないとしています。

　一見すると、これらの年金は非課税かと思いますが、判決書を注意深
く読むと「将来にわたって受け取るべき年金の金額を被相続人死亡時の
現在価値に引き直した金額の合計額に相当し、その価額と上記残存期間
に受けるべき年金の総額との差額は、当該各年金の上記現在価値をそれ
ぞれ元本とした場合の運用益の合計額に相当するものとして規定されて
いるものと解される」としています。つまり、10年間の年金総額であ

る 2,300 万円から相続税の課税価額である 1,380 万円を控除した 920 万円は運用益ということになります。この裁判では、非課税か否かが争われましたが、逆にいえば、この運用益部分は、雑所得として課税されるといえます。

　最高裁では、この運用部分の課税について、具体的な算出方法などは示していませんでしたが、この最高裁判決後に国税庁はウェブサイトでその計算方法を公開しました。これによると、1 年目に支払を受けた年金は全額非課税ですが、2 年目以降は、非課税部分が逓減していきます。つまり、徐々に、運用益部分が増え、雑所得として課税対象が増えるということになります。

　また、もう一つ最高裁で判断された支払を行う保険会社の源泉徴収義務については、適法であるとし、納税者が自身の所得税の申告等の手続においてこれら徴収金額を算出された所得税額から控除したり、その全部若しくは一部の還付を受けることは許されるとしています。この源泉所得税については、過去の最高裁で、支払者が誤って徴収した金額を算出所得税額から控除し又は誤徴収額の全部若しくは一部の還付を受けることはできないという判断（平成 4 年 2 月 18 日最高裁／平成 2 年（行ツ）第 155 号／民集 46 巻 2 号 77 頁）があり、それと反するという指摘もありますが、最高裁は、おそらく保険会社の事務負担等を考慮した上での判断ではなかろうかと思われます。

## (2)　租税訴訟としての価値

　この訴訟は、最高裁判決の結論をみていただければわかりますが、争っている金額は少額です。そのため、当初は、納税者が自ら訴訟を提起していましたが、高裁からは、弁護士や補佐人税理士が加わったことは、既に記載のとおりです。

　この最高裁判決後に補佐人税理士を務めた方による、訴訟の背景を語る記事や研修会により、多くの税理士が租税訴訟における補佐人税理士

の活躍を目の当たりにすることとなりました。

　この事案の最高裁判決があったのが平成22年です。その後、平成24年6月21日東京地裁（平成22年（行ウ）第494号／税務訴訟資料262号順号11973）では庭内神しの納税者勝訴判決もあり、租税訴訟における税理士の役割が徐々に注目されるようになったのです。

## 事案3　介護付き有料老人ホームの附属駐車場にかかる固定資産税

> 補佐人税理士でなくとも訴訟に関与できる。
> これからは個人でなくマンパワーで！

　税理士が訴訟に関与するのは、補佐人税理士になるだけではありません。他にも納税者のために貢献できることはいくらでもあります。そのことを教えてくれるのが次の判決です。これからは、税理士が一丸となって訴訟に参加する…そんなことがあるかもしれません。

## 1　紹介する判決

①　平成28年11月30日東京地裁

　　裁判結果：認容／事件番号：平成27年（行ウ）第421号／出典：判例時報2342号33頁、判例タイムズ1440号190頁

②　平成29年8月24日東京高裁

　　裁判結果：棄却・確定／事件番号：平成29年（行コ）第6号

　①の地裁判決のみ裁判所のウェブサイト（行政事件裁判例集）で検索可能です。

## 2　判決の概要

　原告甲は、Ｎ社との間で、所有する土地及び建物について、平成26年1月1日からの30年間を賃貸借期間とする賃貸借契約を締結し、Ｎ社は、これら建物で介護付き有料老人ホームと小規模多機能型居宅介護施設を運営していました。

　本件は、甲が、東京都練馬都税事務所長から、Ｎ社に賃貸している土地のうち駐車場として使用されている各部分については地方税法349条の3の2及び702条の3に規定する固定資産税及び都市計画税の課税標準の特例の適用を受ける住宅用地に該当せず、その余の部分に限り上記の住宅用地に該当するものとして、平成26年度分の固定資産税及び都市計画税の各賦課決定を受けたため、甲が各駐車場も住宅用地に該当すると主張して、各処分の一部の取消しを求めた事案です。

　甲が賃貸している土地で、Ｎ社は、1〜9までの駐車場を用意していました。そして、駐車場1〜5までは、運営している介護付き有料老人ホームの来訪者用駐車場や、訪問診療の医師、救急車、リネン、清掃、薬局やコンサート等の行事の関係者等の業者の駐車場として、駐車場6〜7は、小規模多機能型居宅介護施設の送迎車の駐車場として、駐車場8〜9は、介護付き有料老人ホームの入居希望者の面談や行事に係る買い物のほか、入居者に頼まれた買い物のために使用される自動車2台の駐車場として利用していました。

## 3　判決書を読む前に

　ご承知のとおり、固定資産税は国税ではなく地方税となります。また、所得税や法人税のような申告納税でなく、賦課課税となっています。実は、ここがこの判決では重要なところです。固定資産税のような地方税の場合、法律としては地方税法がありますが、実務としては、各市町村（東

京の場合は、東京都）が行っています。そこで、まず地方税法等でどのような取扱いになっているか確認しましょう。

## (1)　地方税法の取扱い

　地方税法 349 条の 3 の 2 では、専ら人の居住の用に供する家屋やその一部を人の居住の用に供する家屋の敷地の用に供されている土地に対して、固定資産税の課税標準は、その住宅用地に係る固定資産税の課税標準となるべき価格の 3 分の 1（面積が 200㎡以下の場合は、6 分の 1）とすると規定されています。

　同様に、都市計画税についても、地方税法 702 条の 3 で、上記の同法 349 条の 3 の 2 第 1 項等又は 349 条の 3 の 3 第 1 項の規定の適用を受ける土地に対する都市計画税の課税標準は、その土地に係る都市計画税の課税標準となるべき価格の 3 分の 2（面積が 200㎡以下の場合は、3 分の 1）の額に減額されます。

## (2)　駐車場の住宅用地該当性について

　地方税法においては、専ら人の居住の用に供する家屋やその一部を人の居住の用に供する家屋の敷地の用に供されている土地については、固定資産税等の減額があるというのがわかりました。この事案では、甲がN 社に貸している土地のうち、駐車場に利用されている部分が地方税法で規定する住宅用地に該当するのか否かということが問題となります。

　この解釈については、「地方税法の施行に関する取扱いについて（市町村税関係）」（平成 22 年 4 月 1 日付総税市第 16 号　総務大臣通知）が参考となります。

　総務大臣通知では、地方税法 349 条の 3 の 2 にいう「敷地の用に供されている土地」とは、「特例対象となる家屋を維持し又はその効用を果すために使用されている 1 画地の土地で賦課期日現在において当該家屋の存するもの又はその上に既存の当該家屋に代えてこれらの家屋が建

設中であるものをいうものであること」とされています。

　つまり、直接家屋の敷地の用に供されていなくても、家屋の効用を果たすために使用されている土地であれば、固定資産税等の減額の対象となるということになります。なお、この裁判の被告となった東京都の現在のウェブサイトには、住宅用地の例として次のような記載があります。

---

≪住宅用地の例≫

住宅用家屋（専用住宅・アパート等）の敷地、住宅用家屋の敷地と一体となっている庭・自家用駐車場

≪住宅用地以外の土地（非住宅用地）の例≫

業務用家屋（店舗、事務所、工場、倉庫、旅館等）の敷地、駐車場、資材置場、空地（住宅建築予定地を含む）、住宅建築中の土地

出典：東京都主税局ホームページ「固定資産税・都市計画税（土地・家屋）」の「土地・家屋について」の【土地】2　住宅用地及びその特例措置について」（https://www.tax.metro.tokyo.lg.jp/shisan/kotei_tosi.html#ko_02_02）

---

　これをみると、駐車場では、自家用駐車場は住宅用地に含まれますが、それ以外の駐車場は減額がないという取扱いとなっていることがわかります。

### ⑶　なぜ住宅用地でないとして減額されなかったのか

　ここで、双方の主張をみてみましょう。甲は、利用状況から、本件駐車場用地は、家屋の効用を果たすために使用されている一画地の土地に含まれるとしました。

　一方で、東京都は、東京都独自の通達（「住宅用地認定事務の手引き」（平成27年3月20日付26主資評第352号　東京都主税局資産税部長通達）で、「第一は、駐車場等が当該住宅の附属的な施設と認定できることである。したがって、専ら当該住宅の居住者のための施設であること

を要し、居住者以外の者に貸し付けられている等、駐車場等自体で独立の効用を果たしている場合は除かれる」等の要件を定めている旨を掲げ、「居住者のための施設」とは、居住者自らが利用する施設を意味するものであり、本件各駐車場は、入居者自らが主体的に駐車場を使用しているものではないとして、住宅用地に該当しないとしました。

　入居者自らが主体的に駐車場を使用していないというのは、その通りかもしれませんが、そもそも、介護付き老人ホームの入居者が車を所有し、頻繁にそれを利用するということ自体が想定されていないといえます。その意味では、今回の事案を自家用駐車場と同じように考えてはいけないのではないでしょうか。実際の使用状況からみれば、入居者の生活を維持するためにも、施設として重要な駐車場のような気がします。

## 4　判決書を読んでみる

　それでは、実際に平成28年11月30日東京地裁の判決書を読んでいきます。争点は、駐車場の住宅用地の該当性のみとなっています。なお、控訴審の東京高裁にて東京都の控訴が棄却され、裁判結果が確定しています。ここでは、裁判所のウェブサイトで読むことができる地裁判決のみ掲載します。

### 平成28年11月30日東京地裁
#### ＜法令解釈部分の判断＞

　地方税法349条の3の2第1項によれば、住宅用地に該当するには、専用住宅又は併用住宅の「敷地の用に供されている土地」であることを要するところ、「敷地の用に供されている土地」であるかどうかについては、その規定の文言の文理並びに本件特例が主として住宅政策上の見地から住宅用地の固定資産税及び都市計画税負担の軽減を図るため課税標準の特例措置を設けたものであることに照らせば、土地と専用住宅又

は併用住宅の形状や利用状況等を踏まえ、社会通念に従い、その土地が専用住宅又は併用住宅を維持し又はその効用を果たすために使用されている一画地の土地であるかどうかによって判断すべきものと解するのが相当である。

## ＜事実認定を法令解釈に当てはめる＞

① 本件では、各土地等の各駐車場を除く部分が、併用住宅に該当する家屋の「敷地の用に供されている土地」であり、住宅用地に該当することに争いはないところ、以下、各駐車場が、各駐車場、各土地等及び家屋の形状や利用状況等を踏まえ、社会通念に従い、家屋を維持し又はその効用を果たすために使用されている一画地の土地に含まれるかどうかについて検討する。

② 駐車場１から駐車場５までについては、各土地等の各駐車場を除く部分と、柵等の区分はなく、家屋の主な出入口まで接続しており、各土地等の他の部分及び家屋と形状上一体のものとして利用されていることは明らかである。また、駐車場６から駐車場９までについても、家屋の南側との間で植木や柵が設けられている一方、柵の一部には扉が設けられ、家屋及び各土地等の他の部分の南側から駐車場６から駐車場９までに立ち入り、また、道路に至ることが可能な状態にあるものであって、各土地等の他の部分及び家屋と形状上一体のものとして利用されていることが否定されるものではない。

③ 駐車場１から駐車場５までについては、入居者がN社との入居契約書に基づき、共用施設として、来訪者用駐車場として利用し得るものとなっている上、N社の介護付き有料老人ホームの運営に係る外部の業者等が駐車場として利用することもあるものの、その利用は、家屋の賃借人であるN社が家屋で行う事業のためのものであると同時に入居者生活等のためのものでもあるので、いずれにせよ、その利用状況に照らし、居住部分と非居住部分とから成る併用住宅としての本件

家屋と一体のものとして利用されているものというべきである。

④　駐車場8及び駐車場9についても、N社の介護付き有料老人ホームに関し、入居希望者の面談や行事に係る買い物のほか、入居者に頼まれた買い物のために使用される自動車2台の駐車場として利用されているところ、結局のところ、これらの利用も、家屋の賃借人であるN社が本件家屋で行う事業のためのものであると同時に入居者の生活等のためのものでもあるので、その利用状況に照らし、併用住宅としての本件家屋と一体のものとして利用されていることが否定されるものではないというべきである。

⑤　駐車場6及び駐車場7については、小規模多機能型居宅介護施設の送迎車の駐車場として利用されており、それ自体としては、入居者の生活等のためのものではないものの、家屋の賃借人であるN社が本件家屋で行う事業のためのものであるという点では他の駐車場と異なるものではなく、その利用状況に照らし、併用住宅としての家屋と一体のものとして利用されている土地であることを否定されないというべきである。

### ＜結論＞

したがって、本件各駐車場は、いずれも各土地等の一部として、併用住宅である本件家屋を維持し又はその効用を果たすために使用されている一画地の土地に含まれるものということができ、本件家屋の「敷地の用に供されている土地」に該当するというべきである。

東京地裁は、地方税法349条の3の2第1項の「敷地の用に供されている土地」に該当するか否かは、土地と専用住宅又は併用住宅の形状や利用状況等を踏まえ、社会通念に従い判断すべきとしました。そして、各駐車場は、本件土地及び建物の形状上一体のものとして利用されているとしました。また、利用状況からも併用住宅としての家屋と一体のも

のとして利用されているとし、納税者の主張を認めました。

## 5　分析してみる

　改めて、法令解釈について分析してみましょう。地方税法では、住宅用地については、減額される特例があります。地方税法349条の3の2第1項では、「敷地の用に供されている土地」という表現をしています。この解釈について、東京都は、東京都独自の通達（「住宅用地認定事務の手引き」）により、居住者自らが利用する施設つまり入居者自らが主体的に駐車場を使用しているものではないために、住宅用地の減額は適用されないと主張しました。

　これに対し、東京地裁は、「敷地の用に供されている土地」は形状や利用状況等を踏まえて判断すべきとして、結果的に納税者の主張を認めています。

　併用住宅における「敷地の用に供されている土地」についての解釈が今回判示されたことは、大変意味があるものです。

　また、東京都の主張にもありましたが、地方税の場合、各市町村にて賦課課税しているため、市町村独自の事務手続の通達を発遣している場合が多いです。逆に、そのことが、統一した事務運営がなされていないという新たな問題もこの判決では示しています。このようなことは、今回の固定資産税以外でもあるかもしれません。税理士としては、注視していく必要があると思います。

　最後に、この判決書には、当事者として補佐人税理士の名があります。また、判決書「4　当事者の主張」の「(原告の主張)」⑵の最後に「なお、本件各処分は、他の市町村の取扱い等と整合しないもので、租税公平主義及び租税法律主義に違反するものでもある」という記述があります。

　実はこの裁判に先立ち、東京税理士会を始めいくつかの税理士等の団体に対して、固定資産税の課税状況についての情報提供を求める問合せ

がありました。つまり、税理士の関与先等で有料老人ホーム敷地附属の駐車場などの併用住宅の駐車場の固定資産税の課税状況について情報収集がなされたのです。それにより、他の自治体では、同様の事案で住宅用地に該当し減額されているという事例が見つかり、それが裁判で証拠として示されました。

　まさに、税理士が力をあわせて行った租税訴訟であり、それゆえの納税者勝訴ともいえます。これは裁判に直接関与していない税理士も訴訟に一役買った事例といえるでしょう。

◆　　　　　　　　◆

　今後の租税訴訟は、補佐人税理士がスーパーマンのように現れて訴訟に参加して、納税者の勝訴に貢献するということだけでなく、実務家の税理士も租税訴訟にどんどん参加し、納税者と共に歩んでいくという時代のスタートかもしれません。

　そう考えると、判決書・裁決書を読むことは、このような時代には必要なことです。また、これからは、実務の参考として事務所で読む時代から、実際の訴訟の現場に参加する時代へ、その変化の時かもしれません。まさに、租税訴訟には、税理士にとって無限の可能性が秘められているのです。

**判決・裁決をより深く理解するために**

　判決や裁決について、ただ読んでいるだけでは、なかなか理解が深まりません。そのため、私は、これらを読むというインプットだけでなく、アウトプットも積極的に行っています。アウトプットといっても堅苦しいものではなく、私の場合は、判例研究会や勉強会への参加とブログの活用を主な方法としています。

　判例研究会や判例の勉強会は身近にありますか。私が所属している税理士会の支部には判例研究会があり、そちらに参加しています。ここでは、5名ほどで1グループになり、テーマを決めて発表を行います。発表をするのですから、いつも以上に真剣に判決書を読んで臨みます。一つの判決・裁決について、自分でその内容をまとめ、同じ支部の税理士の方々を前に発表をするのですから、勉強になります。また、同じグループの方々と判決や裁決の内容について、「これは、どうなのか」などあれこれ議論し、意見を聞けるというのも貴重な時間です。

　このような研究会が支部にあるのは、珍しいかもしれません。しかし、支部以外でも判例研究会や勉強会があります。東京税理士会でも、日本税務会計学会に訴訟部門があり、判決を研究する場となっています。

　このようなところに参加する意義は、やはり発表の機会があることだと思います。判決や裁決を読み、それを自分なりにまとめ、人前で発表しますので、読み方も真剣になります。発表に対して、質問があると、それなりに緊張します。

　こういう場が近くにない、人前で発表するなんてとても…という方には、SNSを利用するという方法はいかがでしょうか。

　私は、勤務していた税理士事務所を辞め、個人で事務所を立ち上げてからブログを利用しています。税理士のブログというと、日々の日常の一コマを綴ったものから、役立つ税関連の情報を記載したものといろいろありますが、私は、判決・裁決を紹介するブログとしました。理由としては、自分が一番得意とするところであることと当時このようなブログが数少なかったからでした。

　ブログでは、公表された裁決や新たに有料のデータベースに収録されたものなどを取り上げ、一つのブログ記事で一つの判決・裁決としています。できるだけ1回で完結するように心がけています。

　私は、もともと判決や裁決を定型的に読むことにこだわりがなく、むしろこれらを紹介する雑誌の記事や論文などが定型的にワンパターン化されているのが嫌いでした。もっと、自由に、気楽にこれらを読んでほしいという思いもありました。そのため、数行の事案の概要とそれに対する裁判所、国税不服審判所の判断という形でブログを書いています。双方の主張などはあまり深く取り上げてはいませんが、その代わりすっきりして読みやすいものになっていると思います。

　大切なところだけ、簡潔に。そう心がけてブログを始めました。

　現在でも、週に1回は更新をしています。実際にやり始めると、毎回ネタ探しからブログのオチをどうしようかと考えることがいっぱいです。必ず週に一つは判決・裁決を読むことになるので、蓄積数も多くなりました。また、定期的に読んでいると、「最近は重加算税で争っている事案が多いな」とか、「太陽光発電についての事案が多いな」など、課税庁側がどのような業種に対し積極的に調査

を行っているのかもわかります。判決や裁決では法令解釈に過去の先例的な判決を引用していますので、その文言も「あ、またこれだ」とわかるようにもなりました。

　ブログは、手軽に始められて、かつ自分の勉強にもなります。アウトプットの方法の一つとして始めてみてはいかがでしょうか。

　そこから少しずつ始め、その後、仲間との判例研究会を開催するのも面白いかもしれません。一人で読んでいるとわからなかったことが、複数で読んでいると新たな発見や解釈に出会えます。

　この書籍では、主にインプットの仕方をメインにご紹介しました。せひ、インプットの後は自分なりの方法でアウトプットしてください。そのことが、判決・裁決をより深く理解することに繋がっていきます。

## おわりに　いい判決が出たとわかれば、読むのがもっと面白くなる！

　本書は、判決や裁決を読み慣れていない方々に、それらをもっと手に取っていただく機会を増やしてもらいたいとの思いで記したものです。

　判決や裁決の読み方で私が最も強調したいのは、正解はないというところです。判例研究会や判例についての発表を聞いていると、たまに「それ、違うんじゃない」という方がいらっしゃいます。私も、実際間違っていると指摘された経験があります。

　しかし、一つの判決や裁決でも様々な読み方があってもいいのではないでしょうか。おそらく、これらを読み慣れていない方の多くは、正しい読み方を追求するあまり、なかなか第一歩が踏み出せなかったのではと思っています。

　例えば、第3章第4節で、重加算税の賦課決定処分を受けた公表裁決を取り上げました。これを読んだ時に、私が一番驚いたのは、調査担当職員と税理士とのやり取りでした。重加算税はどういう時に賦課決定処分されるのかがこの裁決のメインテーマですが、それ以外のところに注目して読んでも、誤りでもありません。少なくとも、この公表裁決を読む前よりも、読んだ後では、調査の際にこういう質問をする調査官がいるから注意しようという心構えができます。要するに、実務に活かせるか活かせないかの方が大切なのです。

　また、私の独自の読み方として、双方の主張を読まない又は判断部分を読んだ後に読むというのがあります。この方法はあくまで私のやり方です。皆さんが読み慣れてきて、ご自分のスタイルを確立していただくことが重要で、そのために冒頭から順に読んでいかなくてもよいということをご提案させていただきました。

　そして、読むことに慣れていただき、ご自分のスタイルを確立されたら、ぜひ、積極的なアウトプットをしていただければと思います。判例研究会に積極的に参加することだけでなく、SNSなどで「こういう判

決や裁決がありました」と発信するなどでも構いません。大切なのは、常に目的意識を持って、どういう判決や裁決が出たのだろうかとアンテナを張ることです。これらを読んで率直に感じたことを言葉や文章にして発表してもらいたい、そのように願います。

　判決や裁決が発信者を通じて多くの方の目に留まれば、その内容について、この判断はどうなのだろうか、この部分は今の時代に合致していないのできちんと法整備をするべきでないかなどの問題点を洗い出すこともできます。それらの声が集まることによって、実務が変わるかもしれません。

　同じように、非常に常識的でいい判決や裁決がありましたら、こちらも忘れずに発信してください。実務がいい方向に変わるきっかけとなる判決や裁決であれば、ご自分一人でなく、ぜひ多くの方々と共有していきましょう。

　私が税理士登録して、判決や裁決を読み始めた当初は、租税訴訟で納税者が勝訴するというのは、非常にまれなことでした。しかし、令和元年度では、国側の敗訴率は9.7％となっています。租税訴訟やそれを取り巻く環境も大きく変わりました。補佐人税理士制度がスタートしたことをはじめ、国税審判官には、積極的に税理士や弁護士の民間専門家が採用されています。また、最高裁判所判事に租税訴訟で数々の勝訴を導いた宮崎裕子弁護士や行政法の大家である宇賀克也氏も就任されており、より身近なものとなっています。

　それに伴い、判決や裁決も手に入りやすくなっています。現在では、判決は、裁判所のウェブサイトのほか、税務訴訟資料も税務大学校のウェブサイトにて公表されており、裁決は、国税だけでなく、地方税もウェブで公表されています。

　ぜひ、積極的にこれらを活用して、実務に活かしていただければと思います。読み方に正解はない。読むことよりも実務に活かすことが大事。そして、せっかく、この書籍を手に取っていただいたのですから、この

書籍を閉じた瞬間から、判決書や裁決書を読むことにチャレンジしてください。

　これからの税理士は、判決や裁決を読んで実務に活かすことが当たり前になると思っています。そして、一人でも多くの方に、判決書や裁決書の魅力を感じていただければと思います。この書籍がその第一歩の一助となることを切に願っています。

著者紹介

草間　典子（くさま　のりこ）

平成 17 年税理士登録。草間典子税理士事務所所長。現在は東京税理士
会日本税務会計学会訴訟部門委員。

〔主な著書〕

『判例・裁決例にみる 関連会社・役員との取引をめぐる税務判断』( 共著・
新日本法規出版 )

『裁判例・裁決例から紐解く 減価償却資産の税務実務』（税務経理協会）

サービス・インフォメーション
──────────── 通話無料 ────

①商品に関するご照会・お申込みのご依頼
　　　　TEL 0120 (203) 694／FAX 0120 (302) 640
②ご住所・ご名義等各種変更のご連絡
　　　　TEL 0120 (203) 696／FAX 0120 (202) 974
③請求・お支払いに関するご照会・ご要望
　　　　TEL 0120 (203) 695／FAX 0120 (202) 973

●フリーダイヤル（TEL）の受付時間は、土・日・祝日を除く
　9：00〜17：30です。
●FAXは24時間受け付けておりますので、あわせてご利用ください。

---

## 税理士業務に活かす「判決・裁決」ガイドブック
### －税務判断に役立つポイントをつかむ！

---

2021年6月5日　初版発行

著　者　草　間　典　子
発行者　田　中　英　弥
発行所　第一法規株式会社
　　　　〒107-8560　東京都港区南青山2-11-17
　　　　ホームページ　https://www.daiichihoki.co.jp/

税判決裁決ガイド　ISBN 978-4-474-07534-4　C2033 (1)